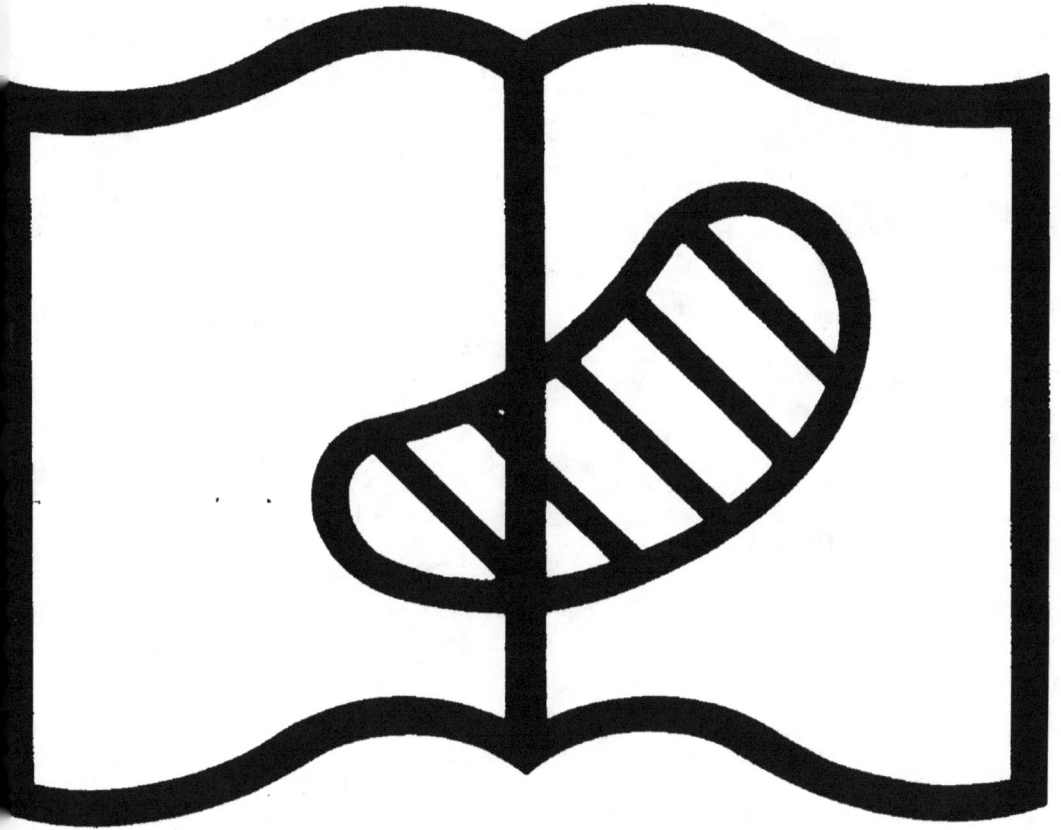

Original illisible

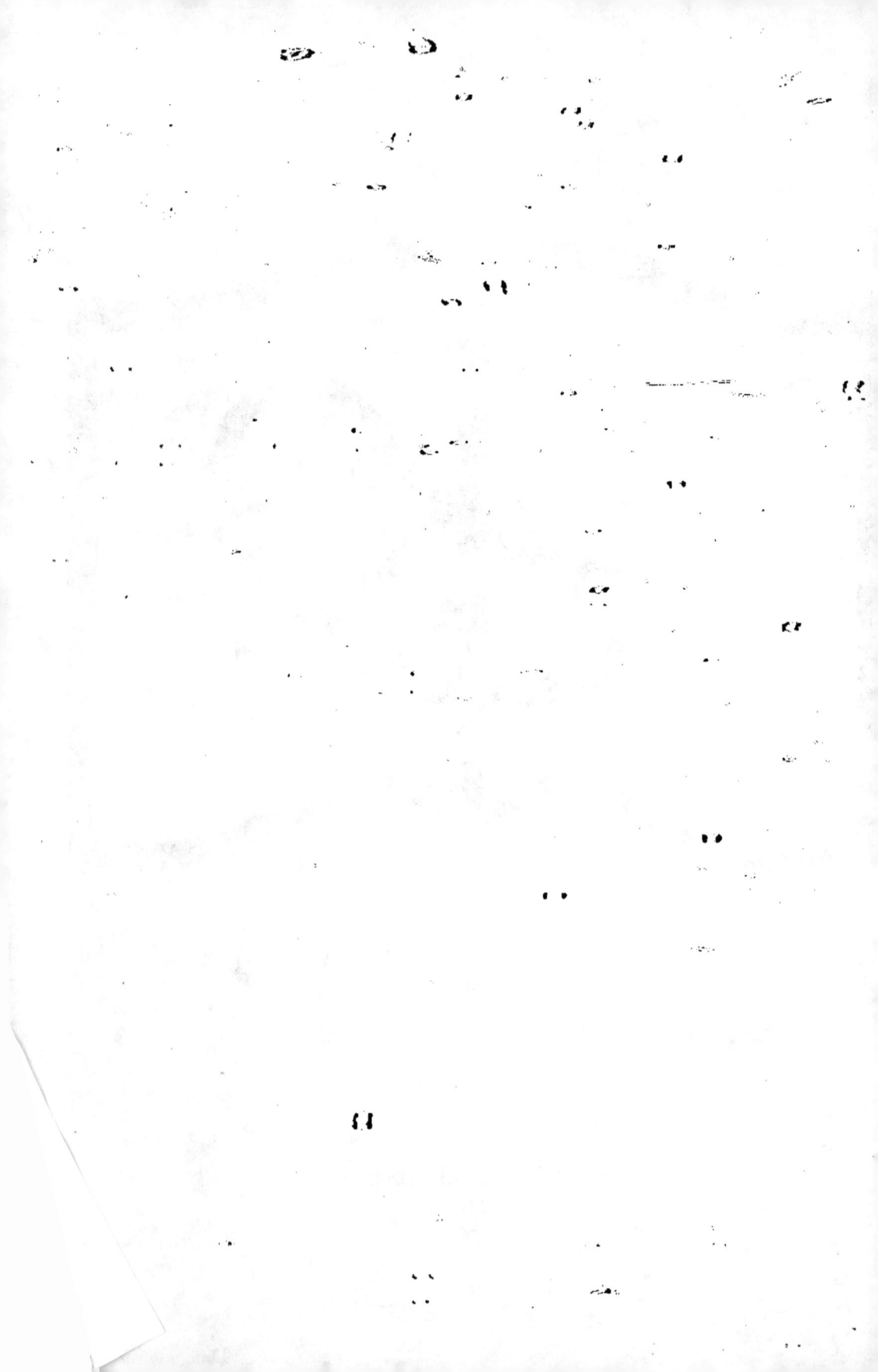

LA

RÉVOLUTION SOCIALE

OU LA

DICTATURE MILITAIRE

PAR

MICHEL BAKOUNINE

GENÈVE

IMPRIMERIE COOPÉRATIVE, RUE DE CAROUGE, 8

—

1871

Supplément à l'Errata.

P. 4, l. 11. — *ces conseillers extraordinaires,* lisez *ces commissaires extraordinaires.*

P. 10, l. 29. — *et il fait obéir,* lisez *et il faut obéir.*

P. 14, l. 19. — *des singuliers républicains de la veille,* lisez *de ces singuliers républicains de la veille.*

P. 25, l. 31. — *est devenue absolument infaillible,* lisez *est devenue absolument impossible.*

P. 69, l. 28-29. — *et à cause de cela même, un abîme :* retranchez ces mots.

P. 81, l. 6. — Après les mots *toute contraire,* mettez un point-virgule au lieu d'une virgule.

Id., l. 19-20. — *il y a dix ans à peine,* lisez *il y a six ans à peine.*

P. 82, l. 33-34. — *plutôt une erreur de système que d'intérêt, l'intérêt des ouvriers allemands,* lisez : *plutôt une erreur de système que d'instinct, l'instinct des ouvriers allemands ...*

P. 83, l. 14. — Après *partout ailleurs,* mettez un point au lieu d'une virgule.

P. 87, l. 16-17. — *de bonne mémoire,* lisez *de lubrique mémoire.*

ERRATA.

Le titre de l'ouvrage doit être rétabli ainsi : **L'Empire knouto-germanique et la Révolution sociale.**

P. 17. — Transposition de lignes. La 13ᵐᵉ ligne doit être placée entre la 11ᵐᵉ et la 12ᵐᵉ.

P. 53, l. 36. — *la loi du prairial*, lisez : *la loi du 22 prairial.*

P. 55, l. 23-24. — *ont-ils usé de la mansuétude..*, lisez : *ont-ils usé de mansuétude.*

P. 58, l. 20. — *les Guizot*, lisez *les Quinet.*

P. 81, l. 9, — *tous les intérêts*, lisez *tous leurs intérêts.*

Id., l. 27. — *pour atteindre ce but, au lieu de chercher..*, lisez : *pour atteindre ce but. Au lieu de chercher...*

P. 83, l. 1. — *le temps de ses questions gouvernementales..*, lisez : *le temps de ses coquetteries gouvernementales.*

Id., l. 9. — *écarter le prolétariat et l'extirper dans sa racine..*, lisez : *écraser le prolétariat et extirper dans sa racine.*

Id., l. 18-19. — *(isis Blanchinein)*, lisez *(in's Blaue hinein).*

P. 84, l. 10. — *qui crient, au milieu des clameurs...*, lisez : *qui eurent, au milieu des clameurs.*

Id., l. 16. — *toute cette animalik bourgeoise vigilante...*, lisez : *toute cette animalité bourgeoise rugissante.*

P. 85, l. 22. — *je prie les partisans allemands...*, lisez : *je prie les patriotes allemands.*

P. 87, l. 4. — *Louis VIII*, lisez *Louis XVIII.*

Id., l. 13. — *il y en est un Russe.* lisez *il y eut un Russe.*

P. 88, l. 18-19. — *Reste donc un seul grief, la scission.* Lisez : *Reste donc un seul grief, le voici.*

Id., l. 2 de la note. — *lord Bloompichi*, lisez *lord Bloomfield.*

P. 89, l. 26   »   — *démocratique*, lisez *bureaucratique.*

P. 90, l. 3   »   — *plus savante*, lisez *plus ouverte.*

Id., l. 16   »   — *toute la force*, lisez *toute la faute.*

Id., l. 24   »   — *la presse russe*, lisez *le peuple russe.*

Id., l. 33   »   — *cette vente de résignation*, lisez *cette sainte résignation.*

P. 91, l. 15 de la note. — *grillard*, lisez *pillard*.

Id., l. 36 » — *Oui, messieurs les patriotes...*, lisez: *Que messieurs les patriotes.*

P. 92, l. 4 de la note. — *les villes*, lisez *les nobles*.

P. 94, l. 24. — *qu'ils ont perdu*, lisez *qu'elles ont perdu*.

Id., l. 26-29. — Rétablissez la phrase ainsi : *car c'est là son habitude, sa seconde nature, sa religion, sa passion, mais c'est l'insignifiance, la faiblesse, l'impuissance relative de celui à qui il doit et il veut obéir.*

P. 95, l. 6. — *Cruel est le sentiment*, lisez *Quel est le sentiment.*

Id., l. 17. — *se sentant*, lisez *se sentent*.

Id., l. 35. — *Hohenstaufer*, lisez *Hohenstauffen*.

P. 96, l. 15. — *n'a jamais ainsi*, lisez *n'a jamais aimé*.

P. 107, l. 17. — *par la voix*, lisez *par la voie*.

Id., l. 18. — *invraisemblable*, lisez *insaisissable*.

P. 113, l. 6. — *désempera*, lisez *dessaisira*.

P. 114, l. 7: — *Renchlin*, lisez *Reuchlin*.

Id., l. 8. — *Ulrich von Huttèn*, lisez *Ulrich von Hutten*.

Id., l. 9. — *Pie de Mirandole*, lisez *Pic de Mirandole*.

Id., l. 10. — *Zuringle*, lisez *Zwingli*.

Id., l. 29. — *Werthory*, lisez *Wartbourg*.

P. 115, l. 26. — *égalité de bras*, lisez *égalité de tous*.

P. 116, l. 22. — *renient*, lisez *reniant*.

P. 118, l. 7. — *épreuve*, lisez *grande*.

N. B. — Nous engageons le lecteur à corriger sur son exemplaire les fautes indiquées dans cet Errata, avant d'entreprendre la lecture de l'ouvrage. Nous n'avons relevé que les plus graves, celles qui dénaturent le sens.

LA
RÉVOLUTION SOCIALE
OU LA
DICTATURE MILITAIRE

———◆◆◆———

Lyon, 29 Septembre 1870.

Mon cher ami,

Je ne veux point partir de Lyon, sans t'avoir dit un dernier mot d'adieu. La prudence m'empêche de venir te serrer la main encore une fois. Je n'ai plus rien à faire ici. J'étais venu à Lyon pour combattre ou pour mourir avec vous. J'y étais venu, parce que j'ai cette suprême conviction, que la cause de la France est redevenue aujourd'hui celle de l'humanité, et que sa chute, son asservissement sous un régime qui lui serait imposé par les baïonnettes des Prussiens, serait le plus grand malheur qui, au point de vue de la liberté et du progrès humain, puisse arriver à l'Europe et au monde.

J'ai pris part au mouvement d'hier et j'ai signé mon nom sous les résolutions du *Comité central du Salut de la France,* parce que, pour moi, il est évident qu'avec la destruction réelle et complète de toute la machine administrative et gouvernementale de votre pays, il ne reste plus d'autre moyen de salut pour la France que le soulèvement, l'organisation et la fédération spontanées, immédiates et révolutionnaires de ses communes, en dehors de toute tutelle et de toute direction officielles.

Tous ces tronçons de l'ancienne administration du pays, ces municipalités composées en grande partie de bourgeois ou d'ouvriers convertis à la bourgeoisie; gens routiniers s'il en fut, dénués d'intelligence, d'énergie et manquant de bonne foi; tous ces procureurs de la République, ces préfets et ces sous-préfets, et surtout ces conseillers extraordinaires munis des pleins-pouvoirs militaires et civils, et que l'autorité fabuleuse et fatale de ce tronçon de gouvernement qui siège à Tours, vient d'investir à cette heure d'une dictature impuissante;—tout cela n'est bon que pour paralyser les derniers efforts de la France et pour la livrer aux Prussiens.

Le mouvement d'hier, s'il s'était maintenu triomphant, et il serait resté tel si le général Cluseret, trop jaloux de plaire à tous les partis, n'avait point abandonné sitôt la cause du peuple; ce mouvement qui aurait renversé la municipalité inepte, impotente et aux trois-quarts réactionnaire de Lyon, et l'aurait remplacée par un comité révolutionnaire, tout-puissant parce qu'il eût été l'expression non fictive, mais immédiate et réelle de la volonté populaire; ce mouvement, dis-je, aurait pu sauver Lyon et, avec Lyon, la France.

Voici vingt-cinq jours qui se sont écoulés depuis la proclamation de la République, et qu'a-t-on fait pour préparer et pour organiser la défense de Lyon? Rien, absolument rien.

Lyon est la seconde capitale de la France et la clef du Midi. Outre le soin de sa propre défense, il a donc un double devoir à remplir : celui d'organiser le soulèvement armé du Midi et celui de délivrer Paris. Il pouvait faire, il peut encore faire l'un et l'autre. Si Lyon se soulève, il entraînera nécessairement avec lui tout le Midi de la France. Lyon et Marseille deviendront les deux pôles d'un mouvement national et révolutionnaire formidable, d'un mouvement qui, en soulevant à la fois les campagnes et les villes, suscitera des centaines de milliers de combattants, et opposera aux forces militaires et organisées de l'invasion la toute-puissance de la révolution.

Par contre, il doit être évident pour tout le monde que, si Lyon tombe aux mains des Prussiens, la France sera irrévocablement perdue. De Lyon à Marseille, ils ne rencontreront plus d'obstacles. Et alors ? Alors, la France deviendra ce que l'Italie a été si longtemps, trop longtemps, vis-à-vis de votre ci-devant empereur : une vassale de sa majesté l'empereur d'Allemagne. Est-il possible de tomber plus bas ?

Lyon, seul, peut lui épargner cette chute et cette mort honteuse. Mais, pour cela, il faudrait que Lyon se réveille, qu'il agisse, sans perdre un jour, un instant. Les Prussiens, malheureusement, n'en perdent plus. Ils ont désappris le dormir ; systématiques comme le sont toujours les Allemands, ils suivent, avec une désespérante précision, leurs plans savamment combinés et joignant à cette antique qualité de leur race, une rapidité des mouvements qu'on avait considérée jusque-là comme l'apanage exclusif des troupes françaises, ils s'avancent résolument et plus menaçants que jamais, au cœur même de la France. Ils marchent sur Lyon. Et que fait Lyon pour se défendre ? Rien.

Et pourtant, depuis que la France existe, jamais elle ne s'est trouvée dans une situation plus désespérée, plus terrible. Toutes ses armées sont détruites. La plus grande partie de son matériel de guerre, grâce à l'honnêteté du gouvernement et de l'administration impériale, n'a jamais existé que sur le papier, et le reste, grâce à leur prudence, a été si bien enfoui dans les forteresses de Metz et de Strasbourg, qu'il servira probablement beaucoup plus à l'armement de l'invasion prussienne, qu'à celui de la défense nationale. Cette dernière, sur tous les points de la France, manque aujourd'hui de canons, de munitions, de fusils et, ce qui est pis encore, elle manque d'argent pour en acheter. Non que l'argent manque à la bourgeoisie de France ; au contraire, grâce à des lois protectrices qui lui ont permis d'exploiter largement le travail du prolétariat, ses poches en sont pleines. Mais l'argent des bourgeois n'est point patriote, et il préfère ostensiblement aujourd'hui l'émigration, voire même les réquisitions forcées des Prussiens, au danger d'être appelé à concourir au salut de la patrie en détresse. Enfin, que dirai-je, la France n'a plus d'administration. Celle qui existe encore et que le gouvernement de la Défense nationale à eu la faiblesse criminelle de maintenir, est une machine bonapartiste, créée pour l'usage particulier des brigands du Deux Décembre, et, comme je l'ai déjà dit ailleurs, capable seulement, non d'organiser, mais de trahir la France jusqu'au bout et de la livrer aux Prussiens.

Privée de tout ce qui constitue la puissance des Etats, la France n'est plus un Etat. C'est un immense pays, riche, intelligent, plein de ressources et de forces naturelles, mais complètement désorganisé et condamné, au milieu de cette désorganisation effroyable, à se défendre contre l'invasion la plus meurtrière qui ait jamais assailli une nation. Que peut-elle opposer aux Prussiens? Rien que l'organisation spontanée d'un immense soulèvement populaire, *la Révolution*.

Ici, j'entends tous les partisans de l'ordre public quand même, les doctrinaires, les avocats, tous ces exploiteurs en gants jaunes du républicanisme bourgeois, et même bon nombre de soi-disant représentants du peuple, comme votre citoyen Brialon par exemple, transfuges de la cause populaire et qu'une ambition misérable, née d'hier, pousse aujourd'hui dans le camp des bourgeois; je les entends s'écrier :

« La Révolution! Y pensez-vous, mais ce serait le comble du malheur pour la France! Ce serait un déchirement intérieur, la guerre civile, en présence d'un ennemi qui nous écrase, nous accable! La confiance la plus absolue dans le gouvernement de la Défense nationale; l'obéissance la plus parfaite vis-à-vis des fonctionnaires militaires et civils, auxquels il a délégué le pouvoir; l'union la plus intime entre les citoyens des opinions politiques, religieuses et sociales les plus différentes, entre toutes les classes et tous les partis; voilà les seuls moyens de sauver la France. »

La confiance produit l'union et l'union crée la force, voilà sans doute des vérités que nul ne tentera de nier. Mais pour que ce soient des vérités, il faut deux choses : il faut que la confiance ne soit pas une sottise, et que l'union, également sincère de tous les côtés, ne soit pas une illusion, un mensonge, ou une exploitation hypocrite d'un parti par un autre. Il faut que tous les partis qui s'unissent, oublient tout-à-fait, non pour toujours sans doute, mais pour tout le temps que doit durer cette union, leurs intérêts particuliers et nécessairement opposés; que ces intérêts et ces buts qui dans les temps ordinaires les divisent, se laissent également absorber dans la poursuite du but commun. Autrement qu'arrivera-t-il? Le parti sincère deviendra nécessairement la victime et la dupe de celui qui le sera moins ou qui ne le sera pas du tout, et il se verra sacrifié, non au triomphe de la cause commune, mais au détriment de cette cause et au profit exclusif du parti qui aura hypocritement exploité cette union.

Pour que l'union soit réelle et possible, ne faut-il pas au moins que le but au nom duquel les partis doivent s'unir, soit le même. En est-il ainsi aujourd'hui? Peut-on dire que la bourgeoisie et le prolétariat veulent absolument la même chose? Pas du tout.

Les ouvriers de France veulent le salut de la France à tout prix; dût-on même, pour la sauver, faire de la France un désert, faire sauter toutes les maisons, détruire et incendier toutes les villes, ruiner tout ce qui est si cher au cœur des bourgeois : propriétés, capitaux, industrie et commerce, convertir en un mot le pays tout entier en un immense tombeau pour enterrer les Prussiens. Ils veulent la guerre à outrance, la guerre barbare au couteau s'il le faut. N'ayant aucun bien matériel à sacrifier, ils donnent leur vie. Beaucoup d'entre eux, et précisément la plus grande partie de ceux qui sont membres de l'Association internationale des Travailleurs, ont la pleine conscience de la haute mission qui incombe aujourd'hui au prolétariat de France. Ils savent que, si la France succombe, la cause de l'humanité en Europe sera perdue pour un demi-siècle au moins. Ils savent qu'ils sont responsables du salut de la France, non seulement vis-à-vis de la France, mais vis-à-vis du monde entier. Ces idées ne sont répandues sans doute que dans les milieux ouvriers les plus avancés, mais les ouvriers de France, sans aucune distinction, comprennent instinctivement que l'asservissement de leur pays, sous le joug des Prussiens, serait la mort pour leurs espérances d'avenir; et ils sont déterminés plutôt à mourir que de léguer à leurs enfants une existence de misérables esclaves. Ils veulent donc le salut de la France à tout prix et quand même.

La bourgeoisie, ou au moins l'immense majorité de cette classe respectable, veut absolument le contraire. Ce qui lui importe avant tout, c'est la conservation quand même de ses maisons, de ses propriétés et de ses capitaux; ce n'est pas autant l'intégrité du territoire national, que l'intégrité de ses poches, remplies par le travail du prolétariat par elle exploité sous la protection des lois nationales. Dans son for intérieur et sans oser l'avouer en public, elle veut donc la paix à tout prix, dût-on même l'acheter par l'amoindrissement, par la déchéance et par l'asservissement de la France.

Mais si la bourgeoisie et le prolétariat de France poursuivent des buts non seulement différents, mais absolument opposés, par quel miracle une union réelle et sincère pourrait-elle s'établir entre eux? Il est clair que cette conciliation tant prônée, tant prêchée, ne sera jamais rien qu'un mensonge. C'est le mensonge qui a tué la France, espère-t-on qu'il lui rendra la vie? On aura beau condamner la division, elle n'en existera pas moins dans le fait, et puisqu'elle existe, puisque par la force même des choses elle doit exister, il serait puéril, je dirai même plus, il serait funeste, au point de vue du salut de la France, d'en ignorer, d'en nier, de ne point en confesser hautement l'existence. Et puisque le salut de la France vous appelle à l'union, oubliez, sacrifiez tous vos intérêts, toutes vos ambitions et toutes vos divisions personnelles; oubliez et sacrifiez, autant qu'il sera possible de faire, toutes les différences de partis; mais au nom de ce même salut, gardez-vous de toute illusion; car dans la situation présente, les illusions sont mortelles. Ne cherchez l'union qu'avec ceux qui aussi sérieusement, aussi passionnément que vous-mêmes, veulent sauver la France à *tout prix.*

Quand on va à l'encontre d'un immense danger, ne vaut-il pas mieux marcher en petit nombre, avec la pleine certitude de ne point être abandonné au moment de la lutte, que de traîner avec soi une foule de faux alliés qui vous trahiront sur le premier champ de bataille ?

Il en est de la discipline et de la confiance comme de l'union, ce sont des choses excellentes lorsqu'elles sont bien placées, funestes lorsqu'elles s'adressent à qui ne les mérite pas. Amant passionné de la liberté, j'avoue que je me défie beaucoup de ceux qui ont toujours le mot de discipline à la bouche. Il est excessivement dangereux surtout en France, où discipline pour la plupart du temps signifie, d'un côté, despotisme, et de l'autre, automatisme. En France, le culte mystique de l'autorité, l'amour du commandement et l'habitude de se laisser commander, ont détruit dans la société aussi bien que dans la grande majorité des individus, tout sentiment de liberté, toute foi dans l'ordre spontané et vivant que la liberté seule peut créer. Parlez-leur de la liberté, et ils crieront aussitôt à l'anarchie; car il leur semble que du moment que cette discipline, toujours oppressive et violente, de l'État, cessera d'agir, toute la société doit s'entredéchirer et crouler. Là gît le secret de l'étonnant esclavage que la société française endure depuis qu'elle a fait sa grande révolution. Robespierre et les Jacobins lui ont légué le culte de la discipline de l'État. Ce culte, vous le retrouvez en entier dans tous vos républicains bourgeois, officiels et officieux, et c'est lui qui perd la France aujourd'hui. Il la perd en paralysant l'unique source et l'unique moyen de délivrance qui lui reste : le déploiement libre des forces populaires; et en lui faisant chercher son salut dans l'autorité et dans l'action illusoire d'un État, qui ne présente plus rien aujourd'hui qu'une vaine prétention despotique, accompagnée d'une impuissance absolue.

Tout ennemi que je suis de ce qu'on appelle en France la discipline, je reconnais toutefois qu'une certaine discipline, non automatique, mais volontaire et réfléchie, et s'accordant parfaitement avec la liberté des individus, reste et sera toujours nécessaire, toutes les fois que beaucoup d'individus, unis librement, entreprendront un travail ou une action collective quelconque. Cette discipline n'est alors rien que la concordance volontaire et réfléchie de tous les efforts individuels vers un but commun. Au moment de l'action, au milieu de la lutte, les rôles se divisent mutuellement, d'après les aptitudes de chacun, appréciées et jugées par la collectivité tout entière : les uns dirigent et commandent, d'autres exécutent les commandements. Mais aucune fonction ne se pétrifie, ne se fixe et ne reste irrévocablement attachée à aucune personne. L'ordre et l'avancement hiérarchiques n'existent pas, de sorte que le commandant d'hier peut devenir serviteur aujourd'hui. Aucun ne s'élève au-dessus des autres, ou s'il s'élève, ce n'est que pour retomber un instant après, comme les vagues de la mer, revenant toujours au niveau salutaire de l'égalité.

Dans ce système, il n'y a plus de pouvoir proprement dit. Le pouvoir se fond dans la collectivité, et il devient l'expression sincère de la liberté de chacun, la réalisation fidèle et sincère de la volonté de tous; chacun n'obéit que parce que le chef du jour ne lui commande que ce qu'il veut lui-même.

Voilà la discipline vraiment humaine, la discipline nécessaire à l'organisation de la liberté. Telle n'est point la discipline prônée par vos républicains, hommes d'Etat. Ils veulent la vieille discipline française, automatique, routinière et aveugle. Le chef, non élu librement et seulement pour un jour, mais imposé par l'Etat pour longtemps sinon pour toujours, commande et il fait obéir. Le salut de la France, vous disent-ils, et même la liberté de la France, n'est qu'à ce prix. L'obéissance passive, base de tous les despotismes, sera donc aussi la pierre angulaire sur laquelle vous allez fonder votre république.

Mais si mon chef me commande de tourner les armes contre cette république, ou de livrer la France aux Prussiens, dois-je lui obéir, oui ou non? Si je lui obéis, je trahis la France; et si je désobéis, je viole, je brise cette discipline que vous voulez m'imposer comme l'unique moyen de salut pour la France. Et ne dites pas que ce dilemme que je vous prie de résoudre, soit un dilemme vicieux. Non, il est tout palpitant d'actualité, car c'est celui dans lequel se trouvent pris à cette heure vos soldats. Qui ne sait que leurs chefs, leurs généraux et l'immense majorité de leurs officiers supérieurs, sont dévoués corps et âmes au régime impérial? Qui ne voit qu'ils conspirent ouvertement et partout contre la république? Que doivent faire les soldats? S'ils obéissent, ils trahiront la France; et s'ils désobéissent, ils détruiront ce qui vous reste de troupes régulièrement organisées.

Pour les républicains, partisans de l'Etat, de l'ordre public et de la discipline quand même, ce dilemme est insoluble. Pour nous, révolutionnaires socialistes, il n'offre aucune difficulté. Ils doivent désobéir, ils doivent se révolter, ils doivent briser cette discipline et détruire l'organisation actuelle des troupes régulières, ils doivent au nom du salut de la France détruire ce fantôme d'Etat, impuissant pour le bien, puissant pour le mal; parce que le salut de la France ne peut venir maintenant que de la seule puissance réelle qui reste à la France, la Révolution.

———

Et maintenant que dire de cette confiance qu'on vous recommande aujourd'hui comme la plus sublime vertu des républicains! Jadis, lorsqu'on était républicain pour tout de bon, on recommandait à la démocratie la défiance. D'ailleurs on n'avait pas même besoin de la lui conseiller; la démocratie est défiante par position, par nature et aussi par expérience historique; car de tout temps elle a été la victime et la dupe de tous les ambitieux, de tous les intrigants, classés et individus, qui, sous le prétexte de la diriger et de la mener à bon port, l'ont étrangement exploitée et trompée. Elle n'a fait autre chose jusqu'ici que servir de marchepied.

Maintenant, Messieurs les républicains du journalisme bourgeois lui conseillent la confiance. Mais en qui et en quoi? Qui sont-ils pour oser la recommander, et qu'ont-ils fait pour la mériter eux-mêmes? Ils ont écrit des phrases d'un républicanisme très-pâle, tout imprégnées d'un esprit étroitement bourgeois, à tant la ligne. Et combien de petits Olliviers en herbe parmi eux? Qu'y a-t-il de commun entre eux, les défenseurs intéressés et serviles des intérêts de la classe possédante, exploitante, et le prolétariat? Ont-ils jamais partagé les souffrances de ce monde ouvrier, auquel ils osent dédaigneusement adresser leurs admonestations et leurs conseils; ont-ils seulement sympathisé avec elles? Ont-ils jamais défendu les intérêts et les droits des travailleurs contre l'exploitation bourgeoise? Bien au contraire, car toutes les fois que la grande question du siècle, la question économique, a été posée, ils se sont fait les apôtres de cette doctrine bourgeoise qui condamne le prolétariat à l'éternelle misère et à l'éternel esclavage, au profit de la liberté et de la prospérité matérielle d'une minorité privilégiée.

Voilà les gens qui se croient autorisés à recommander au peuple la confiance. Mais voyons donc qui a mérité et qui mérite aujourd'hui cette confiance?

Serait-ce la bourgeoisie? — Mais sans parler même de la fureur réactionnaire que cette classe a montrée en Juin 1848, et de la lâcheté complaisante et servile dont elle a fait preuve pendant vingt ans de suite, sous la présidence aussi bien que sous l'empire de Napoléon III; sans parler de l'exploitation impitoyable qui fait passer dans ses poches tout le produit du travail populaire, laissant à peine le strict nécessaire aux malheureux salariés, sans parler de l'avidité insatiable et de cette atroce et inique cupidité, qui, fondant la prospérité de la classe bourgeoise sur la misère et sur l'esclavage économique du prolétariat, en font l'ennemie irréconciliable du peuple; — voyons quels peuvent être les droits *actuels* de cette bourgeoisie à la confiance de ce peuple?

Les malheurs de la France l'auraient-ils transformée tout d'un coup? Serait-elle devenue franchement patriote, républicaine, démocrate, populaire et révolutionnaire? Aurait-elle montré la disposition de se lever en masse et de donner sa vie et sa bourse pour le salut de la France? Se serait-elle repentie de ses lâches iniquités, de ses infâmes trahisons d'hier et d'avant-hier, et se serait-elle franchement rejetée dans les bras du peuple, pleine de confiance en lui ? Se serait-elle mise de plein cœur à la tête de ce peuple pour sauver le pays ?

Mon ami, il suffit, n'est-ce pas, de poser ces questions, pour que tout le monde, à la vue de ce qui se passe aujourd'hui, soit forcé d'y répondre négativement. Hélas! la bourgeoisie ne s'est point transformée, ni amendée, ni repentie. Aujourd'hui comme hier et même plus qu'hier, trahie par le jour dénonciateur que les événements jettent sur les hommes aussi bien que sur les choses, elle se montre dure, égoïste, cupide, étroite, bête, à la fois brutale et servile, féroce quand elle croit pouvoir l'être sans beaucoup de danger, comme dans les néfastes journées de Juin, toujours prosternée devant l'autorité et la force publique, dont elle attend son salut, et ennemie du peuple toujours et quand même.

La bourgeoisie hait le peuple à cause même de tout le mal qu'elle lui a fait; elle le hait parce qu'elle voit dans la misère, dans l'ignorance et dans l'esclavage de ce peuple, sa propre condamnation, parce qu'elle sait qu'elle n'a que trop bien mérité la haine populaire, et parce qu'elle se sent menacée dans toute son existence par cette haine qui chaque jour devient plus intense et plus irritée. Elle hait le peuple, parce qu'il lui fait peur ; elle le hait doublement aujourd'hui, parce que seul patriote sincère, réveillé de sa torpeur par le malheur de cette France, qui n'a été d'ailleurs, comme toutes les patries du monde, qu'une marâtre pour lui, le peuple a osé se lever; il se reconnaît, se compte, s'organise, commence à parler haut, chante la *Marseillaise* dans les rues, et par le bruit qu'il fait, par les menaces qu'il profère déjà contre les traîtres de la France, trouble l'ordre public, la conscience et la quiétude de Messieurs les bourgeois.

La confiance ne se gagne que par la confiance. La bourgeoisie vient-elle de montrer la moindre confiance dans le peuple? Bien loin de là. Tout ce qu'elle a fait, tout ce qu'elle fait, prouve au contraire que sa défiance contre lui a dépassé toutes les bornes. C'est au point que dans un moment où l'intérêt, le salut de la France exige évidemment que tout le peuple soit armé, elle n'a pas voulu lui donner des armes. Le peuple l'ayant menacée de les prendre par force, elle dut céder. Mais, après lui avoir livré les fusils, elle fit tous les efforts possibles pour qu'on ne lui donnât pas de munitions. Elle dut céder encore une fois; et maintenant que voilà, le peuple armé, il n'en est devenu que plus dangereux et plus détestable aux yeux de la bourgeoisie.

Par haine et par crainte du peuple, la bourgeoisie n'a point voulu et ne veut pas de la république. Ne l'oublions jamais, cher ami, à Marseille, à Lyon, à Paris, dans toutes les grandes cités de France, ce n'est point la bourgeoisie, c'est le peuple, ce sont les ouvriers qui ont proclamé la république, et à Paris, ce ne furent pas même les peu fervents républicains irréconciliables du Corps législatif, aujourd'hui presque tous membres du gouvernement de la Défense nationale, ce furent les ouvriers de la Villette et de Belleville, qui la proclamèrent contre le désir et l'intention clairement exprimés des singuliers républicains de la veille. Le spectre rouge, le drapeau du socialisme révolutionnaire, le crime commis par Messieurs les bourgeois en Juin, leur ont fait perdre le goût de la république. N'oublions pas qu'au 4 Septembre, les ouvriers de Belleville ayant rencontré M. Gambetta et l'ayant salué par le cri de: « Vive la République, » il leur répondit par ces mots : « Vive la France! *Vous dis-je.* »

———

M. Gambetta, comme tous les autres, ne voulait point de la république. Il voulait de la révolution encore moins. Nous le savons d'ailleurs, par tous les discours qu'il a prononcés, depuis que son nom a attiré sur lui l'attention du public, M. Gambetta veut bien se dire un homme d'Etat, *un républicain sage, modéré, conservateur, rationnel et positiviste* (1), mais il a la révolution en horreur. Il veut bien gouverner le peuple, mais non se laisser diriger par lui. Aussi tous les

———

(1) Voir sa lettre dans le *Progrès de Lyon.*

efforts de M. Gambetta et de ses collègues de la gauche radicale au Corps législatif, n'ont-ils tendu, le 3 et le 4 Septembre, que vers un seul but : celui d'éviter à toute force l'installation d'un gouvernement issu d'une révolution populaire. Dans la nuit du 3 au 4 Septembre, ils se donnèrent des peines inouïes pour faire accepter à la droite bonapartiste et au ministère Palikao, le projet de M. Jules Favre, présenté la veille et signé par toute la gauche radicale ; projet qui ne demandait rien de plus que l'institution d'une *commission gouvernementale*, nommée légalement par le Corps législatif, consentant même à ce que les bonapartistes y fussent en majorité et ne posant d'autre condition que l'entrée dans cette commission de quelques membres de la gauche radicale.

Toutes ces machinations furent brisées par le mouvement populaire qui éclata le soir du 4 Septembre. Mais au milieu même du soulèvement des ouvriers de Paris, alors que le peuple avait envahi les tribunes et la salle du Corps législatif, M. Gambetta, fidèle à sa pensée, systématiquement anti-révolutionnaire, recommande encore au peuple de garder le silence et de respecter la *liberté des débats (!), afin qu'on ne puisse pas dire que le gouvernement qui devait sortir du vote du Corps législatif, ait été constitué sous la pression violente du peuple.*

Comme un vrai avocat, partisan de la fiction légale quand même, M. Gambetta avait sans doute pensé qu'un gouvernement qui serait nommé par ce Corps législatif sorti de la fraude impériale et renfermant dans son sein les infamies les plus notoires de la France, aurait été mille fois plus imposant et plus respectable qu'un gouvernement acclamé par le désespoir et par l'indignation d'un peuple trahi. Cet amour du mensonge constitutionnel avait tellement aveuglé M. Gambetta, qu'il n'avait pas compris, tout homme d'esprit qu'il est, que nul ne pourrait ni ne voudrait croire à la liberté d'un vote émis en de pareilles circonstances. Heureusement, la majorité bonapartiste, effrayée par les manifestations de plus en plus menaçantes de la colère et du mépris populaire, s'enfuit ; et M. Gambetta, resté seul avec ses collègues de la gauche radicale, dans la salle du Corps législatif, s'est vu forcé de renoncer, bien à contre-cœur sans doute, à ses rêves du pouvoir légal, et de souffrir que le peuple déposât aux mains de cette gauche le pouvoir révolutionnaire. Je dirai tout-à-l'heure quel misérable usage lui et ses collègues ont fait, pendant les quatre semaines qui se sont écoulées depuis le 4 Septembre, de ce pouvoir qui leur a été confié par le peuple de Paris pour qu'ils provoquassent dans toute la France une révolution salutaire, et dont ils ne se sont servis jusqu'à présent au contraire que pour la paralyser partout.

Sous ce rapport, M. Gambetta et tous ses collègues du gouvernement de la Défense nationale n'ont été que la trop juste expression des sentiments et de la pensée dominante de la bourgeoisie. Réunissez tous les bourgeois de France, et demandez-leur ce qu'ils préfèrent : de la délivrance de leur patrie par une révolution sociale, — et il ne peut y avoir d'autre révolution aujourd'hui que la révolution sociale — ou bien de son asservissement sous le joug des Prussiens? S'ils osent être sincères, pour peu qu'ils se trouvent dans une position qui leur permette de dire leur pensée sans danger, les neuf-dixièmes, que dis-je, les quatre-vingt-dix-neuf centièmes, ou même les neuf cent quatre-vingt-dix-neuf millièmes, vous répondront, sans hésiter, qu'ils préfèrent l'asservissement à la révolution. Demandez-leur encore, en supposant que le sacrifice d'une partie considérable de leurs propriétés, de leurs biens, de leur fortune mobilière et immobilière, devienne nécessaire pour le salut de la France, s'ils se sentent disposés à faire ce sacrifice? et si, pour me servir de la figure de rhétorique de M. Jules Favre, ils sont réellement décidés à se laisser plutôt enterrer dans les décombres de leurs villes et de leurs maisons, que de les rendre aux Prussiens? Ils vous répondront unanimement qu'ils préfèrent les racheter aux Prussiens. Croyez-vous que si les bourgeois de Paris ne se trouvaient pas sous l'œil et sous le bras toujours menaçant des ouvriers de Paris, Paris aurait opposé aux Prussiens une si glorieuse résistance?

Est-ce que je calomnie les bourgeois? Cher ami, vous savez bien que non. Et d'ailleurs, il existe maintenant, au vu et à la connaissance de tout le monde, une preuve irréfutable de la vérité, de la justice de toutes mes accusations contre la bourgeoisie. Le mauvais vouloir et l'indifférence de la bourgeoisie ne se sont que trop manifestés dans la question d'argent. Tous le monde sait que les finances du pays sont ruinées; qu'il n'y a pas un sou dans les caisses de ce gouvernement de la Défense Nationale, que Messieurs les bourgeois paraissent soutenir maintenant avec un zèle si ardent et si intéressé. Tout le monde comprend que ce gouvernement ne peut les remplir par les moyens ordinaires des emprunts et de l'impôt. Un gouvernement irrégulier ne peut trouver de crédit; quant au rendement de l'impôt, il est devenu nul. Une partie de la France, comprenant les provinces les plus industrielles, les plus riches, est occupée et mise au pillage réglé par les Prussiens. Partout ailleurs le commerce, l'industrie, toutes les transactions d'affaires se sont arrêtés. Les contributions indirectes ne donnent plus rien, ou presque rien. Les contributions directes se payent avec une immense difficulté et avec une lenteur désespérante. Et cela dans un moment où la France aurait besoin de toutes ses ressources et de tout son crédit pour subvenir aux dépenses extraordinaires, excessives, gigantesques de la défense nationale. Les personnes les moins habituées aux affaires doivent comprendre que, si la France ne trouve pas immédiatement de l'argent, beaucoup d'argent, il lui sera impossible de continuer sa défense contre l'invasion des Prussiens.

Nul ne devait comprendre cela mieux que la bourgeoisie, elle qui a passé toute sa vie dans le maniement des affaires, et qui ne reconnaît d'autre puissance que celle de l'argent. Elle devait comprendre aussi que la France ne pouvant plus se procurer, par les moyens réguliers de l'Etat, tout l'argent qui est nécessaire à son salut, elle est forcée, elle a le droit et le devoir de le prendre là où il se trouve. Et où se trouve-t-il? Certes ce n'est pas dans les poches de ce misérable prolétariat auquel la cupidité bourgeoise laisse à peine de quoi se nourrir; c'est donc uniquement, exclusivement dans les coffres-forts de Messieurs les bourgeois. Eux seuls détiennent l'argent nécessaire au salut de la France. En ont-ils offert spontanément, librement seulement une petite partie?

Je reviendrai, cher ami, sur cette question d'argent, qui est la question principale quand il s'agit de mesurer la sincérité des sentiments, des principes et du patriotisme bourgeois. Règle générale : Voulez-vous reconnaître d'une manière infaillible si le bourgeois veut sérieusement telle ou telle chose? Demandez si, pour l'obtenir, il a sacrifié de l'argent. Car soyez-en certain, lorsque les bourgeois veulent quelque chose avec passion, ils ne reculent devant aucun sacrifice d'argent. N'ont-ils pas dépensé des sommes immenses pour tuer, pour étouffer la république en 1848? Et plus tard n'ont-ils pas voté avec passion tous les impôts et tous les emprunts que Napoléon III leur a demandés, et n'ont-ils pas trouvé dans leurs coffres-forts des sommes fabuleuses pour souscrire à tous ces emprunts? Enfin, proposez leur, montrez-leur le moyen de rétablir en France une bonne monarchie, bien réactionnaire, bien forte et qui leur rende, avec ce cher ordre public et la tranquillité dans les rues, la domination économique, le précieux privilège d'exploiter sans pitié ni vergogne, légalement, systématiquement, la misère du prolétariat, et vous verrez s'ils seront chiches!

Promettez-leur seulement qu'une fois les Prussiens chassés du territoire de la France, on rétablira cette monarchie, soit avec Henri V, soit avec un duc d'Orléans, soit même avec un rejeton de l'infame Bonaparte, et persuadez-vous bien que leurs coffres-forts s'ouvriront aussitôt et qu'ils y trouveront tous les moyens nécessaires à l'expulsion des Prussiens. Mais on leur promet la république, le règne de la démocratie, la souveraineté du peuple, l'émancipation de la canaille populaire, et ils ne veulent ni de votre république, ni de cette émancipation à aucun prix, et ils le prouvent en tenant leurs coffres fermés, en ne sacrifiant pas un sou.

Vous savez mieux que moi, cher ami, quel a été le sort de ce malheureux emprunt ouvert pour l'organisation de la défense de Lyon, par la municipalité de cette ville. Combien de souscripteurs sont-ils venus? Si peu que les prôneurs du patriotisme bourgeois s'en montrent eux-mêmes humiliés, désolés et désespérés.

Et on recommande au peuple d'avoir confiance en cette bourgeoisie! Cette confiance, elle a le front, le cynisme, de la demander, que dis-je, de l'exiger elle-même. Elle prétend gouverner et administrer seule cette république qu'au fond de son cœur elle maudit. Au nom de la république, elle s'efforce de rétablir et de renforcer son autorité et sa domination exclusive, un moment ébranlées. Elle s'est emparée de toutes les fonctions, elle a rempli toutes les places, n'en laissant quelques-unes que pour quelques ouvriers transfuges qui sont trop heureux de siéger parmi Messieurs les bourgeois. Et quel usage font-ils du pouvoir dont ils se sont emparés ainsi? On peut en juger en considérant les actes de votre municipalité.

Mais la municipalité, dira-t-on, vous n'avez pas le droit de l'attaquer; car, nommée après la révolution, par l'élection directe du peuple lui-même, elle est le produit du suffrage universel. À ce titre, elle doit vous être sacrée.

Je vous avoue franchement, cher ami, je ne partage aucunement la dévotion superstitieuse de vos bourgeois radicaux ou de vos républicains bourgeois pour le suffrage universel. Dans une autre lettre, je vous exposerai les raisons qui ne me permettent pas de m'exalter pour lui. Qu'il me suffise de poser ici, en principe, une vérité qui me paraît incontestable et qu'il ne me sera pas difficile de prouver plus tard, tant par le raisonnement, que par un grand nombre de faits pris dans la vie politique de tous les pays qui jouissent, à l'heure qu'il est, d'institutions démocratiques et républicaines, savoir *que le suffrage universel, tant qu'il sera exercé dans une société où le peuple, la masse des travailleurs, sera économiquement dominée par une minorité détentrice de la propriété et du capital, quelque indépendant ou libre d'ailleurs qu'il soit ou plutôt qu'il paraisse sous le rapport politique, ne* pourra jamais produire que des élections illusoires, anti-démocratiques et absolument opposées aux besoins, aux instincts et à la volonté réelle des populations.

Toutes les élections qui, depuis le Coup-d'État de Décembre, ont été faites directement par le peuple de France, n'ont-elles pas été diamétralement contraires aux intérêts de ce peuple, et la dernière votation sur le plébiscite impérial n'a-t-elle pas donné sept millions de «OUI» à l'empereur? On dira sans doute que le suffrage universel ne fut jamais librement exercé dans l'empire; la liberté de la presse, celle de l'association et des réunions, conditions essentielles de la liberté politique, ayant été proscrites, et le peuple ayant été livré sans défense à l'action corruptrice d'une presse stipendiée et d'une administration infâme. Soit, mais les élections de 1848 pour la Constituante et pour la présidence, et celles de Mai 1849 pour l'Assemblée législative, furent absolument libres, je pense. Elles se firent en dehors de toute pression ou même intervention officielle, dans toutes les conditions de la plus absolue liberté. Et pourtant qu'ont-elles produit? Rien que la réaction.

« Un des premiers actes du gouvernement provisoire, dit Proudhon (1), celui dont il s'est applaudi le plus, est l'application du suffrage universel. Le jour même où le décret a été promulgué, nous écrivions ces propres paroles, qui pouvaient alors passer pour un paradoxe : « Le suffrage universel est la contre-révolution. » — On peut juger d'après l'événement, si nous nous sommes trompés! Les élections de 1848 ont été faites, à une immense majorité, par les prêtres, les légitimistes, par les dynastiques, par tout ce que la France renferme de plus réactionnaire, de plus rétrograde. Cela ne pouvait être autrement.

Non, cela ne pouvait être, et aujourd'hui encore, cela ne pourra pas être autrement, tant que l'inégalité des conditions économiques et sociales de la vie continuera de prévaloir dans l'organisation de la société; tant que la société continuera d'être divisée en deux classes, dont l'une, la classe exploi-

_____

(1) *Idées révolutionnaires.*

tante et privilégiée, jouira de tous les avantages de la fortune, de l'instruction et du loisir, et l'autre, comprenant toute la masse du prolétariat, n'aura pour partage que le travail manuel, assommant et forcé, l'ignorance, la misère et leur accompagnement obligé, l'esclavage, non de droit, mais de fait.

Oui, l'esclavage, car quelques larges que soient les droits politiques que vous accorderez à ces millions de prolétaires salariés, vrais forçats de la faim, vous ne parviendrez jamais à les soustraire à l'influence pernicieuse, à la domination naturelle des divers représentants de la classe privilégiée, à commencer par le prêtre jusqu'au républicain bourgeois le plus jacobin, le plus rouge ; représentants qui, quelque divisés qu'ils paraissent ou qu'ils soient réellement entre eux dans les questions politiques, n'en sont pas moins unis dans un intérêt commun et suprême : celui de l'exploitation de la misère, de l'ignorance, de l'inexpérience politique et de la bonne foi du prolétariat, au profit de la domination économique de la classe possédante.

Comment le prolétariat des campagnes et des villes pourrait-il résister aux intrigues de la politique cléricale, nobiliaire et bourgeoise ? Il n'a pour se défendre qu'une arme, son instinct qui tend presque toujours au vrai et au juste, parce qu'il est lui-même la principale, sinon l'unique victime de l'iniquité et de tous les mensonges qui règnent dans la société actuelle, et parce qu'opprimé par le privilége, il réclame naturellement l'égalité pour tous.

Mais l'instinct n'est pas une arme suffisante pour sauvegarder le prolétariat contre les machinations réactionnaires des classes privilégiées. L'instinct abandonné à lui-même, et tant qu'il ne s'est pas encore transformé en conscience réfléchie, en une pensée clairement déterminée, se laisse facilement désorienter, fausser et tromper. Mais il lui est impossible de s'élever à cette conscience de lui-même, sans l'aide de l'instruction, de la science, et la science, la connaissance des affaires et des hommes, l'expérience politique, manquent complètement au prolétariat. La conséquence est facile à tirer : Le prolétariat veut une chose ; des hommes habiles, profitant de son ignorance, lui en font faire une autre, sans qu'il se doute même qu'il fait tout le contraire de ce qu'il veut, et lorsqu'il s'en aperçoit à la fin, il est ordinairement trop tard pour réparer le mal qu'il a fait et dont naturellement, nécessairement et toujours, il est la première et principale victime.

C'est ainsi que les prêtres, les nobles, les grands propriétaires et toute cette administration bonapartiste, qui, grâce à la niaiserie criminelle du gouvernement qui s'intitule le gouvernement de la Défense nationale (1), peut tranquillement continuer aujourd'hui sa propagande impérialiste dans les campagnes; c'est ainsi que tous ces fauteurs de la franche réaction, profitant de l'ignorance crasse du paysan de la France, cherchent à le soulever contre la république en faveur des Prussiens. Et ils n'y réussissent que trop bien, hélas! Car ne voyons-nous pas des communes, non seulement ouvrir leurs portes aux Prussiens, mais encore dénoncer et chasser les corps-francs qui viennent pour les délivrer.

Les paysans de France auraient-ils cessé d'être Français? Pas du tout. Je pense même que nulle part, le patriotisme pris dans le sens le plus étroit et le plus exclusif de ce mot, ne s'est conservé aussi puissant, et aussi sincère que parmi eux; car ils ont plus que toutes les autres parties de la population cet attachement au sol, ce culte de la terre, qui constitue la base essentielle du patriotisme. Comment se fait-il donc qu'ils ne veulent pas qu'qu'ils hésitent encore à se lever pour défendre cette terre contre les Prussiens? Ah! c'est parce qu'ils ont été trompés et qu'on continue encore à les tromper. Par une propagande machiavélique, commencée en 1848 par les légitimistes et par les orléanistes, de concert avec les républicains modérés, comme M. Jules Favre et Cᵉ, puis continuée, avec beaucoup de succès, par la presse et par l'administration bonapartiste, on est parvenu à les persuader que les ouvriers socialistes, les partageux, ne songent à rien moins qu'à confisquer leurs terres; que l'em-

_____

(1) Ne serait-il pas plus juste de l'appeler le gouvernement de la ruine de la France?

pereur seul a voulu et pu les défendre contre cette spolia-
tion, et que pour s'en venger, les révolutionnaires socialistes
l'ont livré, lui et ses armées, aux Prussiens; mais que le roi
de Prusse vient de se réconcilier avec l'empereur, et qu'il
le ramènera victorieux pour rétablir l'ordre en France.

C'est très-bête, mais c'est ainsi. Dans beaucoup, dis-je, dans
la majorité des provinces françaises, le paysan croit très-sin-
cèrement à tout cela. Et c'est même l'unique raison de son
inertie et de son hostilité contre la république. C'est un grand
malheur, car il est clair que si les campagnes restent inertes,
si les paysans de France, unis aux ouvriers des villes, ne se
lèvent pas en masse pour chasser les Prussiens, la France
est perdue. Quelque grand que soit l'héroïsme que déploie-
ront les villes — et tant s'en faut que toutes en déploient
beaucoup — les villes, séparées par les campagnes, seront
isolées comme des oasis dans le désert. Elles devront nécessairement succomber.

—————

Si quelque chose prouve à mes yeux la profonde ineptie
de ce singulier gouvernement de la Défense nationale, c'est
que dès le premier jour de son avènement au pouvoir, il
n'ait point pris immédiatement toutes les mesures nécessaires
pour éclairer les campagnes sur l'état actuel des choses et
pour provoquer, pour susciter partout le soulèvement armé
des paysans. Etait-il donc si difficile de comprendre cette
chose si simple, si évidente pour tout le monde, que du
soulèvement en masse des paysans, uni à celui du peuple des
villes, a dépendu et dépend encore aujourd'hui le salut de
la France ? Mais le gouvernement de Paris et de Tours a-t-il
fait jusqu'à ce jour une seule démarche ? A-t-il pris une
seule mesure pour provoquer le soulèvement des paysans ?
Il n'a rien fait pour les soulever, mais au contraire, il a tout
fait pour rendre ce soulèvement impossible. Telle est sa folie
et son crime; folie et crime qui peuvent tuer la France.

Il a rendu le soulèvement des campagnes impossible, en
maintenant dans toutes les communes de France l'adminis-

tration municipale de l'empire : ces mêmes maires, juges de paix, gardes-champêtres, sans oublier MM. les curés, qui n'ont été triés, choisis, institués et protégés par MM. les préfets et les sous-préfets, aussi bien que par les évêques impériaux, que dans un seul but : celui de servir contre tous et contre tout, contre les intérêts de la France elle-même, les intérêts de la dynastie; ces mêmes fonctionnaires qui ont fait toutes les élections de l'empire, y compris le dernier plébiscite, et qui au mois d'Août dernier, sous la direction de M. Chevreau, ministre de l'intérieur dans le gouvernement Palikao, avaient soulevé contre les libéraux et les démocrates de toute couleur, en faveur de Napoléon III, au moment même où ce misérable livrait la France aux Prussiens, une croisade sanglante, une propagande atroce, répandant dans toutes les communes cette calomnie aussi ridicule qu'odieuse, que les républicains, après avoir poussé l'empereur à cette guerre, se sont alliés maintenant contre lui avec les soldats de l'Allemagne.

Tels sont les hommes que la mansuétude ou la sottise également criminelle du gouvernement de la Défense nationale ont laissé jusqu'à ce jour à la tête de toutes les communes rurales de la France. Ces hommes, tellement compromis que tout retour pour eux est devenu impossible, peuvent-ils se dégager maintenant, et, changeant tout d'un coup de direction, d'opinion, de paroles, peuvent-ils agir comme des partisans sincères de la république et du salut de la France? Mais les paysans leur riraient au nez. Ils sont donc *forcés* de parler et d'agir aujourd'hui, comme ils l'ont fait hier; forcés de plaider et de défendre la cause de l'empereur contre la république, de la dynastie contre la France, et des Prussiens, aujourd'hui alliés de l'empereur et de sa dynastie, contre la défense nationale. Voilà ce qui explique pourquoi toutes les communes, loin de résister aux Prussiens, leur ouvrent leurs portes.

Je le répète encore, c'est une grande honte, un grand malheur et un immense danger pour la France, et toute la faute en retombe sur le gouvernement de la Défense nationale. Si les choses continuent de marcher ainsi, si l'on ne change pas au plus vite les dispositions des campagnes, si l'on ne soulève pas les paysans contre les Prussiens, la France est irrévocablement perdue.

Mais comment les soulever? J'ai traité amplement cette question dans une autre brochure (1). Ici je n'en dirai que peu de mots. La première condition sans doute, c'est la révocation immédiate et en masse de tous les fonctionnaires communaux actuels, car tant que ces bonapartistes resteront en place, il n'y aura rien à faire. Mais cette révocation ne sera qu'une mesure négative. Elle est absolument nécessaire, mais elle n'est pas suffisante. Sur le paysan, nature réaliste et défiante s'il en fut, on ne peut agir efficacement que par des moyens positifs. C'est assez dire que les décrets et les proclamations, fussent-ils même contresignés par tous les membres, d'ailleurs à lui inconnus, du gouvernement de la Défense nationale, aussi bien que les articles de journaux, n'ont aucune prise sur lui. Le paysan ne lit pas. Ni son imagination, ni son cœur ne sont ouverts aux idées, tant que ces dernières apparaissent sous une forme littéraire ou abstraite. Pour le saisir, les idées doivent se manifester à lui par la parole vivante d'hommes vivants et par la puissance des faits. Alors il écoute, il comprend et finit par se laisser convaincre.

Faut-il envoyer dans les campagnes des propagateurs, des apôtres de la république? Le moyen ne serait point mauvais, seulement il présente une difficulté et deux dangers. La difficulté consiste en ceci, c'est que le gouvernement de la Défense nationale, d'autant plus jaloux de son pouvoir, que ce pouvoir est nul, et fidèle à son malheureux système de centralisation politique, dans une situation où cette centralisation est devenue absolument infaillible, voudra choisir et nommer lui-même tous les apôtres, ou bien il chargera de ce soin ses nouveaux préfets et commissaires extraordinaires, tous, ou presque tous, appartenant à la même religion politique que lui, c'est-à-dire tous, ou presque tous, étant des républicains bourgeois, des avocats ou des rédacteurs de

_____

(1) *Lettres à un Français sur la crise actuelle.* Septembre 1870.

journaux, des adorateurs soit platoniques — et ce sont les meilleurs, mais non les plus sensés — soit très-intéressés, d'une république dont ils ont pris l'idée non dans la vie, mais dans les livres et qui promet aux uns la gloire avec la palme du martyr, aux autres des carrières brillantes et des places lucratives; — d'ailleurs très-modérés; des républicains *conservateurs, rationnels et positivistes,* comme M. Gambetta, et comme tels ennemis acharnés de la révolution et du socialisme, et adorateurs quand même du pouvoir de l'Etat.

Ces honorables fonctionnaires de la nouvelle république ne voudront naturellement envoyer, comme missionnaires, dans les campagnes, que des hommes de leur propre trempe et qui partageront absolument leurs convictions politiques. Il en faudrait, pour toute la France, au moins quelques milliers. Où diable les prendront-ils? Les républicains bourgeois sont aujourd'hui si rares, même parmi la jeunesse! Si rares que, dans une ville comme Lyon, par exemple, on n'en trouve pas assez pour remplir les fonctions les plus importantes et qui ne devraient être confiées qu'à des républicains sincères.

Le premier danger consiste en ceci : que si même les préfets et les sous-préfets trouvaient, dans leurs départements respectifs, un nombre suffisant de jeunes gens pour remplir l'office de propagateurs dans les campagnes; ces missionnaires nouveaux seraient nécessairement, presque toujours et partout, inférieurs, et par leur intelligence révolutionnaire et par l'énergie de leurs caractères, aux préfets et aux sous-préfets qui les auront envoyés, comme ces derniers sont évidemment, eux-mêmes, inférieurs à ces enfants dégénérés et plus ou moins châtrés de la grande révolution qui, remplissant aujourd'hui les suprêmes fonctions de membres du gouvernement de la Défense nationale, ont osé prendre dans leurs mains débiles les destinées de la France. Ainsi descendant toujours plus bas, d'impuissance à plus grande impuissance, on ne trouvera rien de mieux à envoyer, comme propagateurs de la république dans les campagnes, que des républicains dans le genre de M. Andrieux, le procureur de la République, ou de M. Eugène Véron, le rédacteur du *Progrès* à Lyon; des hommes qui, au nom de la République, feront la propagande de la réaction. Pensez-vous, cher ami, que cela puisse donner aux paysans le goût de la République?

Hélas! je craindrais le contraire. Entre les pâles adorateurs de la république bourgeoise, désormais impossible; et le paysan de France, non *positiviste et rationnel* comme M. Gambetta, mais très-positif et plein de bon sens, il n'y a rien de commun. Fussent-ils même animés des meilleurs dispositions du monde, ils verront échouer toute leur rhétorique littéraire, doctrinaire et avocassière devant le mutisme madré de ces rudes travailleurs des campagnes. Ce n'est pas chose impossible, mais très-difficile que de passionner les paysans. Pour cela, il faudrait avant tout porter en soi-même cette passion profonde et puissante qui remue les âmes et provoque et produit ce que dans la vie ordinaire, dans l'existence monotone de chaque jour, on appelle des miracles; des miracles de dévouement, de sacrifice, d'énergie et d'action triomphante. Les hommes de 1792 et de 1793, Danton surtout, avaient cette passion, et avec elle et par elle ils avaient la puissance de ces miracles, ils avaient le diable au corps et ils étaient parvenus à mettre le diable au corps à toute la nation; ou plutôt ils furent eux-mêmes l'expression la plus énergique de la passion qui animait la nation.

Parmi tous les hommes d'aujourd'hui et d'hier qui composent le parti radical bourgeois de la France, avez-vous rencontré ou seulement entendu parler d'un seul, duquel on puisse dire qu'il porte en son cœur quelque chose qui s'approche au moins quelque peu de cette passion et de cette foi qui ont animé les hommes de la grande révolution? Il n'y en a pas un seul, n'est-ce pas? Plus tard je vous exposerai les raisons auxquelles doit être attribuée, selon moi, cette décadence désolante du républicanisme bourgeois. Je me contente maintenant de la constater et d'affirmer en général, sauf à le prouver plus tard, que le républicanisme bourgeois a été moralement et intellectuellement châtré, rendu bête, impuissant, faux, lâche, réactionnaire et définitivement rejeté comme tel en dehors de la réalité historique, par l'apparition du socialisme révolutionnaire.

Nous avons étudié avec vous, cher ami, les représentants de ce parti à Lyon même. Nous les avons vus à l'œuvre. Qu'ont-ils dit, qu'ont-ils fait, que font-ils au milieu de la crise terrible qui menace d'engloutir la France? Rien que de la misérable et petite réaction. Ils n'osent pas encore faire la grande. Deux semaines leur ont suffi pour montrer au peuple de Lyon, qu'entre les autoritaires de la république et ceux de la monarchie, il n'y a de différence que le nom. C'est la même jalousie d'un pouvoir qui déteste et craint le contrôle populaire. La même défiance du peuple, le même entraînement et les mêmes complaisances pour les classes privilégiées. Et cependant M. Challemel-Lacour, préfet et aujourd'hui devenu, grâce à la servile lâcheté de la municipalité de Lyon, le dictateur de cette ville, est un ami intime de M. Gambetta, son cher élu, le délégué confidentiel et l'expression fidèle des pensées les plus intimes de ce grand républicain, de cet *homme viril*, dont la France attend aujourd'hui bêtement son salut. Et pourtant M. Andrieux, aujourd'hui procureur de la République, et procureur vraiment digne de ce nom, car il promet de surpasser bientôt par son zèle ultra-juridique et par son amour démesuré pour l'ordre public, les procureurs les plus zélés de l'empire, M. Andrieux s'était posé sous le régime précédent comme un libre-penseur, comme l'ennemi fanatique des prêtres, comme un partisan dévoué du socialisme et comme un ami de l'Internationale. Je pense même que peu de jours avant la chute de l'empire, il a eu l'insigne honneur d'être mis en prison à ce titre, et qu'il en a été retiré par le peuple de Lyon en triomphe.

Comment se fait-il que ces homme aient changé, et que révolutionnaires d'hier, ils soient devenus des réactionnaires si résolus aujourd'hui? Serait-ce l'effet d'une ambition satisfaite, et parce que se trouvant placés aujourd'hui, grâce à une révolution populaire, assez lucrativement, assez haut, ils tiennent plus qu'à toute autre chose à la conservation de leurs places? Ah! sans doute l'intérêt et l'ambition sont de puissants mobiles et qui ont dépravé bien des gens,

mais je ne pense pas que deux semaines de pouvoir aient
pu suffire pour corrompre les sentiments de ces nouveaux
fonctionnaires de la République. Auraient-ils trompé le
peuple, en se présentant à lui, sous l'empire, comme des
partisans de la révolution? Eh bien, franchement, je ne
puis le croire; ils n'ont voulu tromper personne, mais ils
s'étaient trompés eux-mêmes, sur leur propre compte, en
s'imaginant qu'ils étaient des révolutionnaires. Ils avaient
pris leur haine très-sincère, sinon très-énergique ni très-
passionnée contre l'empire, pour un amour violent de la
révolution, et se faisant illusion sur eux-mêmes, ils ne se
doutaient même pas qu'ils étaient des partisans de la république et des réactionnaires en même temps.

« La pensée réactionnaire, dit Proudhon (1), que le peuple ne l'oublie jamais, a été conçue au sein même du parti
républicain. » Et plus loin il ajoute que cette pensée prend
sa source dans *son zèle gouvernemental* tracassier, méticu-
leux, fanatique, policier et d'autant plus despotique, qu'il se
croit tout permis, son despotisme ayant toujours pour prétexte le salut même de la république et de la liberté.

Les républicains bourgeois identifient à grand tort *leur*
république avec la liberté. C'est là la grande source de toutes
leurs illusions, lorsqu'ils se trouvent dans l'opposition; de
leurs déceptions et de leurs inconséquences, lorsqu'ils ont
eu mains le pouvoir. Leur république est toute fondée sur
cette idée du pouvoir et d'un gouvernement fort, d'un gouvernement qui se doit montrer d'autant plus énergique et
puissant qu'il est sorti de l'élection populaire; et ils ne
veulent pas comprendre cette vérité pourtant si simple et
confirmée d'ailleurs par l'expérience de tous les temps et
de tous les pays, que tout pouvoir organisé, établi, agissant
sur le peuple, exclut nécessairement la liberté du peuple.
L'Etat politique n'ayant d'autre mission que de protéger
l'exploitation du travail populaire par les classes économiquement privilégiées, le pouvoir de l'Etat ne peut être
compatible qu'avec la liberté exclusive de ces classes dont

(1) *Idée générale de la Révolution.*

il représente les intérêts, et par la même raison il doit être contraire à la liberté du peuple. Qui dit Etat ou pouvoir dit domination, mais toute domination présume l'existence de masses dominées. L'Etat, par conséquent, ne peut avoir confiance dans l'action spontanée et dans le mouvement libre des masses, dont les intérêts les plus chers sont contraires à son existence; il est leur ennemi naturel, leur oppresseur obligé, et tout en prenant bien garde de l'avouer, il doit toujours agir comme tel.

Voilà ce que la plupart des jeunes partisans de la république autoritaire ou bourgeoise ne comprennent pas, tant qu'ils restent dans l'opposition, tant qu'ils n'ont pas encore essayé eux-mêmes du pouvoir. Parce qu'ils détestent du fond de leurs cœurs, avec toute la passion dont ces pauvres natures abâtardies, énervées, sont capables, le despotisme monarchique, ils s'imaginent qu'ils détestent le despotisme en général; parce qu'ils voudraient avoir la puissance et le courage de renverser un trône, ils se croient des révolutionnaires; et ils ne se doutent pas que ce n'est pas le despotisme qu'ils ont en haine, mais sa forme monarchique, et que ce même despotisme, pour peu qu'il revête la forme républicaine, trouvera ses plus zélés adhérents en eux-mêmes.

Ils ignorent que le despotisme n'est pas autant dans la *forme* de l'Etat ou du pouvoir, que dans le *principe* de l'Etat et du pouvoir politique lui-même, et que, par conséquent, l'Etat républicain doit être par son essence aussi despotique que l'Etat gouverné par un empereur ou un roi. Entre ces deux Etats, il n'y a qu'une seule différence réelle. Tous les deux ont également pour base essentielle et pour but l'asservissement économique des masses au profit des classes possédantes. Mais ils diffèrent en ceci, que, pour atteindre ce but, le pouvoir monarchique qui, de nos jours, tend fatalement à se transformer partout en dictature militaire, n'admet la liberté d'aucune classe, pas même de celles qu'il protége au détriment du peuple. Il veut bien et il est forcé de servir les intérêts de la bourgeoisie, mais sans lui permettre d'intervenir, d'une manière sérieuse, dans le gouvernement des affaires du pays.

Ce système, quand il est appliqué par des mains inhabiles ou par trop malhonnêtes, ou quand il met en opposition trop flagrante les intérêts d'une dynastie avec ceux des exploiteurs de l'industrie et du commerce du pays, comme cela vient d'arriver en France, peut compromettre gravement les intérêts de la bourgeoisie. Il présente un autre désavantage, fort grave, au point de vue des bourgeois : il les froisse dans leur vanité et dans leur orgueil. Il les protège, il est vrai, et leur offre, au point de vue de l'exploitation du travail populaire, une sécurité parfaite, mais en même temps il les humilie en posant des bornes très-étroites à leur manie raisonneuse, et lorsqu'ils osent protester, il les maltraite. Cela impatiente naturellement la partie la plus ardente, si vous voulez, la plus généreuse et la moins réfléchie de la classe bourgeoise, et c'est ainsi que se forme en son sein, en haine de cette oppression, le parti républicain-bourgeois.

Que veut ce parti? L'abolition de l'Etat? La fin de l'exploitation des masses populaires officiellement protégée et garantie par l'Etat? L'émancipation réelle et complète pour tous par le moyen de l'affranchissement économique du peuple? Pas du tout. Les républicains bourgeois sont les ennemis les plus acharnés et les plus passionnés de la révolution sociale. Dans les moments de crise politique, lorsqu'ils ont besoin du bras puissant du peuple pour renverser un trône, ils condescendent bien à promettre des améliorations matérielles à cette classe *si intéressante* des travailleurs; mais comme, en même temps, ils sont animés de la résolution la plus ferme de conserver et de maintenir tous les principes, toutes les *bases sacrées* de la société actuelle, toutes ces institutions économiques et juridiques qui ont, pour conséquence nécessaire, la servitude réelle du peuple, leurs promesses s'en vont naturellement toujours en fumée. Le peuple, déçu, murmure, menace, se révolte et alors, pour contenir l'explosion du mécontentement populaire, ils se voient forcés, les révolutionnaires bourgeois, de recourir à la répression toute-puissante de l'Etat. D'où il résulte que l'Etat républicain est tout aussi oppressif que l'État monarchique ; seulement, il ne l'est point pour les classes possédantes, il ne l'est exclusivement que contre le peuple.

Aussi nulle forme de gouvernement n'eût-elle été aussi favorable aux intérêts de la bourgeoisie, ni aussi aimée de cette classe que la république, si elle avait seulement dans la situation économique actuelle de l'Europe, la puissance de se maintenir contre les aspirations socialistes, de plus en plus menaçantes, des masses ouvrières. Ce dont les bourgeois doutent, ce n'est donc pas de la bonté de la république qui est toute en leur faveur, c'est de sa puissance comme État, ou de sa capacité de se maintenir et de les protéger contre les révoltes du prolétariat. Il n'y a pas de bourgeois qui ne vous dise : « La république est une belle chose, malheureusement elle est impossible ; elle ne peut durer, parce qu'elle ne trouvera jamais en elle-même la puissance nécessaire pour se constituer en État sérieux, respectable, capable de se faire respecter et de nous faire respecter par les masses. » Adorant la république d'un amour platonique, mais doutant de sa possibilité ou au moins de sa durée, le bourgeois tend par conséquent à se remettre toujours sous la protection d'une dictature militaire qu'il déteste, qui le froisse, l'humilie et qui finit toujours par le ruiner tôt ou tard, mais qui lui offre au moins toutes les conditions de la force, de la tranquillité dans les rues et de l'ordre public.

Cette prédilection fatale de l'immense majorité de la bourgeoisie pour le régime du sabre fait le désespoir des républicains bourgeois. Aussi ont-ils fait et ils font précisément aujourd'hui des efforts *surhumains* pour lui faire aimer la république, pour lui prouver que, loin de nuire aux intérêts de la bourgeoisie, elle leur sera au contraire tout-à-fait favorable, ce qui revient à dire qu'elle sera toujours opposée aux intérêts du prolétariat, et qu'elle aura toute la force nécessaire pour imposer au peuple le respect des lois qui garantissent la tranquille domination économique et politique des bourgeois.

Telle est aujourd'hui la préoccupation principale de tous les membres du gouvernement de la Défense nationale, aussi bien que de tous les préfets, sous-préfets, avocats de la République et commissaires généraux qu'ils ont délégués dans les départements. Ce n'est pas autant de défendre la France contre l'invasion des Prussiens, que de prouver aux bourgeois qu'eux, républicains et détenteurs actuels du pouvoir de l'Etat, ont toute la bonne volonté et toute la puissance voulue pour contenir les révoltes du prolétariat. Mettez-vous à ce point de vue, et vous comprendrez tous les actes, autrement incompréhensibles, de ces singuliers défenseurs et sauveurs de la France.

Animés de cet esprit et poursuivant ce but, ils sont forcément poussés vers la réaction. Comment pourraient-ils servir et provoquer la révolution, alors même que la révolution serait, comme elle l'est évidemment aujourd'hui, l'unique moyen de salut général de la France? Ces gens qui portent la mort officielle et la paralysie de toute action populaire en eux-mêmes, comment porteraient-ils le mouvement et la vie dans les campagnes? Que pourraient-ils dire aux paysans pour les soulever contre l'invasion des Prussiens, en présence de ces curés, de ces juges de paix, de ces maires et de ces gardes-champêtres bonapartistes, que leur amour démesuré de l'ordre public leur commande de respecter, et qui font et qui continueront de faire, eux, du matin jusqu'au soir, et armés d'une influence et d'une puissance d'action bien autrement efficace que la leur dans les campagnes, une propagande toute contraire? S'efforceront-ils d'émouvoir les paysans par des phrases, lorsque tous les faits seront opposés à ces phrases?

Sachez-le bien, le paysan a en haine tous les gouvernements. Il les supporte par prudence; il leur paie régulièrement les impôts et souffre qu'ils lui prennent ses fils pour en faire des soldats, parce qu'il ne voit pas comment il pourrait faire autrement, et il ne prête la main à aucun changement, parce qu'il se dit que tous les gouvernements se valent et que le gouvernement nouveau, quelque nom qu'il se donne, ne sera pas meilleur que l'ancien, et parce qu'il veut éviter les risques et les frais d'un changement inutile. De tous les régimes d'ailleurs, le gouvernement républicain lui est le plus odieux, parce qu'il lui rappelle les centimes additionnels de 1848 d'abord, et qu'ensuite on s'est occupé pendant vingt ans de suite à le noircir dans son opinion. C'est sa bête noire, parce qu'il représente à ses yeux le régime de la violence exercée sans aucun avantage, mais au contraire avec la ruine matérielle. La république pour lui, c'est le règne de ce qu'il déteste plus que tout autre chose, la dictature des avocats et des bourgeois de ville, et dictature pour dictature, il a le mauvais goût de préférer celle du sabre.

Comment espérer alors que des représentants *officiels* de la république pourront le convertir à la république? Lorsqu'il se sentira le plus fort, il se moquera d'eux et les chassera de son village; et lorsqu'il sera le plus faible, il se renfermera dans son mutisme et dans son inertie. Envoyer des républicains bourgeois, des avocats ou des rédacteurs de journaux dans les campagnes, pour y faire la propagande en faveur de la république, ce serait donc donner le coup de grâce à la république.

Mais alors que faire? Il n'y a qu'un seul moyen, c'est de révolutionner les campagnes aussi bien que les villes. Et qui peut le faire? La seule classe qui porte aujourd'hui réellement, franchement, la révolution en son sein : La classe des travailleurs des villes.

Mais comment les travailleurs s'y prendront-ils pour révolutionner les campagnes? Enverront-ils dans chaque village des ouvriers isolés comme des apôtres de la république? Mais où prendront-ils l'argent nécessaire pour couvrir les frais de cette propagande? Il est vrai que MM. les préfets, les sous-préfets et commissaires généraux pourraient les envoyer aux frais de l'Etat. Mais alors ils ne seraient plus les délégués du monde ouvrier, mais ceux de l'Etat, ce qui changerait singulièrement leur caractère, leur rôle, et la nature même de leur propagande, qui deviendrait par là-même une propagande non révolutionnaire, mais forcément réactionnaire; car la première chose qu'ils seraient forcés de faire, ce serait d'inspirer aux paysans la confiance dans toutes les autorités nouvellement établies ou conservées par la république, donc aussi la confiance dans ces autorités bonapartistes dont l'action malfaisante continue de peser encore sur les campagnes. D'ailleurs, il est évident que MM. les préfets, les sous-préfets et les commissaires généraux, conformément à cette loi naturelle, qui fait préférer à chacun ce qui concorde avec lui et non ce qui lui est contraire, choisiraient, pour remplir ce rôle de propagateurs de la république, les ouvriers les moins révolutionnaires, les plus dociles ou les plus complaisants. Ce serait encore la réaction sous la forme ouvrière; et nous l'avons dit, la révolution seule peut révolutionner les campagnes.

Enfin, il faut ajouter que la propagande individuelle, fût-elle même exercée par les hommes les plus révolutionnaires du monde, ne saurait avoir une très-grande influence sur les paysans. La rhétorique pour eux n'a point de charme, et les paroles lorsqu'elles ne sont pas la manifestation de la force, et ne sont pas immédiatement accompagnées par des faits, ne sont pour eux que des paroles. L'ouvrier qui viendrait seul tenir des discours dans un village, courrait bien le risque d'être bafoué et chassé comme un bourgeois.

Que faut-il donc faire?

Il faut envoyer dans les campagnes, comme propagateurs de la révolution, des Corps-Francs.

Règle générale : Qui veut propager la révolution, doit être franchement révolutionnaire lui-même. Pour soulever les hommes, il faut avoir le diable au corps; autrement on ne fait que des discours qui avortent, ou ne produisent qu'un bruit stérile, non des actes. Donc, avant tout, les Corps-Francs propagateurs, doivent être, eux-mêmes, révolutionnairement inspirés et organisés. Ils doivent porter la révolution en leur sein, pour pouvoir la provoquer et la susciter parmi eux. Ensuite, ils doivent se tracer un système, une ligne de conduite conforme au but qu'ils se proposent.

Quel est ce but? Ce n'est pas d'imposer la révolution aux campagnes, mais de l'y provoquer et de l'y susciter. Une révolution imposée, soit par des décrets officiels, soit à main armée, n'est plus la révolution, mais le contraire de la révolution, car elle provoque nécessairement la réaction. En même temps, les Corps-Francs doivent se présenter aux campagnes comme une force respectable et capable de se faire respecter; non sans doute pour les violenter, mais pour leur ôter l'envie d'en rire et de les maltraiter, avant même de les avoir écoutés, ce qui pourrait bien arriver à des propagateurs individuels et non accompagnés d'une force respectable. Les paysans sont quelque peu grossiers, et les natures grossières se laissent facilement entraîner par le prestige et les manifestations de la force, sauf à se révolter contre elle plus tard, si cette force leur impose des conditions trop contraires à leurs instincts et à leurs intérêts.

Voilà ce dont les Corps-Francs doivent bien se garder. Ils ne doivent rien imposer et tout susciter. Ce qu'ils peuvent et ce qu'ils doivent naturellement faire, c'est d'écarter, dès l'abord, tout ce qui pourrait entraver le succès de la propagande. Ainsi ils doivent commencer par casser, sans coup férir, toute l'administration communale, nécessairement infectée de Bonapartisme, sinon de légitimisme ou d'orléanisme; attaquer, expulser et, au besoin, arrêter MM. les fonctionnaires communaux, aussi bien que tous les gros propriétaires réactionnaires, et M. le curé avec eux, *pour aucune autre cause, que leur connivence secrète avec les Prussiens.* La municipalité légale doit être remplacée par un comité révolutionnaire, formé d'un petit nombre de paysans les plus énergiques et les plus sincèrement convertis à la Révolution.

Mais avant de constituer ce comité, il faut avoir produit une conversion réelle dans les dispositions sinon de tous les paysans, au moins de la grande majorité. Il faut que cette majorité se passionne pour la Révolution. Comment produire ce miracle? Par l'intérêt. Le paysan français est cupide, dit-on; eh bien, il faut que sa cupidité elle-même s'intéresse à la Révolution. Il faut lui offrir, et lui donner immédiatement de grands avantages matériels.

————————

Qu'on ne se récrie pas contre l'immoralité d'un pareil système. Par le temps qui court et en présence des exemples que nous donnent tous les gracieux potentats qui tiennent en leurs mains les destinées de l'Europe, leurs gouvernements, leurs généraux, leurs ministres, leurs hauts et bas fonctionnaires, et toutes les classes privilégiées : clergé, noblesse, bourgeoisie, on aurait vraiment mauvaise grâce de se révolter contre lui. Ce serait de l'hypocrisie en pure perte. Les intérêts aujourd'hui gouvernent tout, expliquent tout. Et puisque les intérêts matériels et la cupidité des bourgeois perdent aujourd'hui la France, pourquoi les intérêts et la cupidité des paysans ne la sauveraient-ils pas ? D'autant plus qu'ils l'ont déjà sauvée une fois, et cela en 1792.

Ecoutez ce que dit à ce sujet le grand historien de la France, Michelet, que certes personne n'accusera d'être un matérialiste immoral (1) :

« Il n'y eut jamais un labour d'octobre, comme celui de 91, celui où le laboureur, sérieusement averti par Varennes et par Pilnitz, songea pour la première fois, roula en esprit ses périls, et toutes les conquêtes de la Révolution qu'on voulait lui arracher. Son travail, animé d'une indignation guerrière, était déjà pour lui une campagne en esprit. Il labourait en soldat, imprimait à la charrue le pas militaire, et, touchant ses bêtes d'un plus sévère aiguillon, criait à l'une : « Hut la Prusse! » à l'autre : « Va donc, Autriche. » Le bœuf marchait comme un cheval, le soc allait âpre et rapide, le noir sillon fumait, plein de souffle et plein de vie.

» C'est que cet homme ne supportait pas patiemment de se voir ainsi troublé *dans sa possession récente*, dans ce premier moment où la dignité humaine s'était réveillée en lui. *Libre et foulant un champ libre, s'il frappait du pied, il sentait sous lui une terre sans droit ni dîme, qui déjà était à lui ou serait à lui demain... : Plus de seigneurs !* Tous seigneurs ! Tous rois, chacun sur sa terre, le vieux dicton réalisé :

« Pauvre homme, en sa maison, Roi est. »

(1) *Histoire de la Révolution française*, par Michelet, tome III.

» En sa maison, et dehors. Est-ce que la France entière n'est pas sa maison maintenant? »

Et plus loin, en parlant de l'effet produit sur les paysans par l'invasion de Brunswick :

« Brunswick, entré dans Verdun, s'y trouva si commodément qu'il y resta une semaine. Là, déjà, les émigrés qui entouraient le roi de Prusse commencèrent à lui rappeler les promesses qu'il avait faites. Ce prince avait dit, au départ, ces étranges paroles (Hardenberg les entendit) : « Qu'il ne se mêlerait pas du gouvernement de la France, que seulement il rendrait au roi l'autorité absolue. » Rendre au roi la royauté, les prêtres aux églises, *les propriétés aux propriétaires*, c'était toute son ambition. Et pour tous ces bienfaits, que demandait-il à la France? Nulle cession de territoire, rien que les frais d'une guerre entreprise pour la sauver.

» Ce petit mot : *rendre les propriétés*, contenait beaucoup. Le grand propriétaire était le clergé; il s'agissait de lui restituer *un bien de quatre milliards, d'annuler les ventes qui s'en étaient faites pour un milliard* dès janvier 92, et qui depuis, en neuf mois, s'étaient énormément accrues. Que devenaient une infinité de contrats dont cette opération avait été l'occasion directe ou indirecte? Ce n'étaient pas seulement les acquéreurs qui étaient lésés, mais ceux qui leur prêtaient de l'argent, mais les sous-acquéreurs auxquels ils avaient vendu, une foule d'autres personnes. . . . . un grand peuple, *et véritablement attaché à la Révolution par un intérêt respectable. Ces propriétés, détournées depuis plusieurs siècles du but des pieux fondateurs, la Révolution les avait rappelées à leur destination véritable, la vie et l'entretien du pauvre. Elles avaient passé de la main morte à la vivante, DES PARESSEUX AUX TRAVAILLEURS, des abbés libertins, des chanoines ventrus, des évêques fastueux, à l'honnête laboureur, Une France nouvelle s'était faite dans ce court espace de temps.* Et ces ignorants (les émigrés) qui amenaient l'étranger ne s'en doutaient pas. »

« A ces mots significatifs de restauration des prêtres, de restitution, etc., le paysan dressa l'oreille et comprit que c'était toute la contre-révolution qui entrait en France, qu'une mutation immense et *des choses* et des personnes allait arriver. — Tous n'avaient pas de fusils, mais ceux qui en eurent en prirent : qui avait une fourche prit la fourche, et qui une faux, une faux. — Un phénomène eut lieu sur la terre de France. Elle parut changée tout à coup au passage de l'étranger. Elle devint un désert. Les grains disparurent, et comme si un tourbillon les eût emportés, ils s'en allèrent à l'ouest. Il ne resta sur la route qu'une chose pour l'ennemi : les raisins verts, la maladie et la mort. »

Et encore plus loin, Michelet trace ce tableau du soulèvement des paysans de la France :

« La population courait au combat d'un tel élan que l'autorité commençait à s'en effrayer et la retenait en arrière. Des masses confuses, à peu près sans armes, se précipitaient vers un même point ; on ne savait comment les loger ni les nourrir. Dans l'Est, spécialement en Lorraine, les collines, tous les postes dominants étaient devenus des camps grossièrement fortifiés d'arbres abattus, à la manière de nos vieux camps du temps de César. Vercingétorix se serait cru, à cette vue, en pleine Gaule. Les Allemands avaient fort à songer, quand ils dépassaient, laissaient derrière eux ces camps populaires. Quel serait pour eux le retour ? Qu'aurait été une déroute à travers ces masses hostiles qui, de toutes parts, comme les eaux, dans une grande fonte de neige, seraient descendues sur eux ?.... Ils devaient s'en apercevoir : ce n'était pas à une armée qu'ils avaient à faire, mais bien à la France. »

Hélas ! n'est-ce pas tout le contraire de ce que nous voyons aujourd'hui ? Mais pourquoi cette même France, qui en 1792 s'était levée tout entière pour repousser l'invasion étrangère, pourquoi ne se lève-t-elle pas aujourd'hui qu'elle est menacée par un danger bien plus terrible que celui de 1792 ? Ah ! c'est qu'en 1792 elle a été électrisée par la Révolution, et qu'aujourd'hui elle est paralysée par la réaction, protégée et représentée par son gouvernement de la soi-disant Défense nationale.

Pourquoi les paysans s'étaient-ils soulevés en masse contre les Prussiens en 1792, et pourquoi restent-ils non-seulement inertes, mais plutôt favorables à ces mêmes Prussiens, contre cette même République, aujourd'hui? Ah! c'est que, pour eux, ce n'est plus la même République. La République fondée par la Convention nationale, le 21 septembre 1792, était une République éminemment populaire et révolutionnaire. Elle avait offert au peuple un intérêt immense, ou, comme dit Michelet, *respectable*. Par la confiscation en masse des biens de l'Eglise d'abord, et plus tard de la noblesse émigrée ou révoltée, ou soupçonnée et décapitée, elle lui avait donné la terre, et pour rendre la restitution de cette terre à ses anciens propriétaires impossible, le peuple s'était levé en masse, — tandis que la République actuelle, nullement populaire, mais au contraire pleine d'hostilité et de défiance contre le peuple, République d'avocats, d'impertinents doctrinaires, et bourgeoise s'il en fut, ne lui offre rien que des phrases, un surcroît d'impôts et des risques, sans la moindre compensation matérielle.

Le paysan, lui aussi, ne croit pas en cette République, mais par une autre raison que les bourgeois. Il n'y croit pas précisément parce qu'il la trouve trop bourgeoise, trop favorable aux intérêts de la bourgeoisie, et il nourrit au fond de son cœur contre les bourgeois une haine sournoise qui, pour se manifester sous une forme différente, n'est pas moins intense que la haine des ouvriers des villes contre cette classe devenue aujourd'hui si peu respectable.

Les paysans, l'immense majorité des paysans au moins, ne l'oublions jamais, quoique devenus propriétaires en France, *n'en vivent pas moins du travail de leurs bras.* C'est là ce qui les sépare foncièrement de la classe bourgeoise, dont la plus grande majorité vit de *l'exploitation lucrative du travail des masses populaires;* et ce qui l'unit, d'un autre côté, aux travailleurs des villes, malgré la différence de leurs positions, toute au désavantage de ces derniers, et la différence d'idées, les malentendus dans les principes qui en résultent malheureusement trop souvent.

Ce qui éloigne surtout les paysans des ouvriers des villes,

c'est une certaine *aristocratie d'intelligence*, d'ailleurs très-mal fondée, que les ouvriers ont le tort d'afficher souvent devant eux. Les ouvriers sont sans contredit plus lettrés; leur intelligence, leur savoir, leurs idées sont plus développés. Au nom de cette petite supériorité scientifique, il leur arrive quelquefois de traiter les paysans d'en haut, de leur marquer leur dédain. Et, comme je l'ai déjà fait observer dans un autre écrit (1), les ouvriers ont grand tort, car à ce même titre, et avec beaucoup plus de raison apparente, les bourgeois, qui sont beaucoup plus savants et beaucoup plus développés que les ouvriers, auraient encore plus le droit de mépriser ces derniers. Et ces bourgeois, comme on sait, ne manquent pas de s'en prévaloir.

Permettez-moi, cher ami, de répéter ici quelques pages de l'écrit que je viens de citer :

« Les paysans, ai-je dit dans cette brochure, considèrent les ouvriers des villes comme des *partageux*, et craignent que les socialistes ne viennent confisquer leur terre qu'ils aiment au-dessus de toute chose. — Que doivent donc faire les ouvriers pour vaincre cette défiance et cette animosité contre eux ? D'abord, cesser de leur témoigner leur mépris, cesser de les mépriser. Cela est nécessaire pour le salut de la Révolution, car la haine des paysans constitue un immense danger. S'il n'y avait pas cette défiance et cette haine, la Révolution aurait été faite depuis longtemps, car l'animosité qui existe malheureusement dans les campagnes contre les villes constitue non-seulement en France, mais dans tous les pays, la base et la force principale de la réaction. Donc, dans l'intérêt de la Révolution qui doit les émanciper, les ouvriers doivent cesser au plus vite de témoigner ce mépris aux paysans. Ils le doivent par justice, car vraiment ils n'ont aucune raison pour les mépriser et pour les détester. *Les paysans ne sont pas des fainéants; ce sont de rudes travailleurs comme eux-mêmes;* seulement ils travaillent dans des conditions différentes. Voilà tout. *En présence du bourgeois exploiteur, l'ouvrier doit se sentir le frère du paysan.*

---

(1) *Lettres à un Français sur la crise actuelle.* Septembre 1870.

» Les paysans marcheront avec les ouvriers des villes pour le salut de la patrie aussitôt qu'ils seront convaincus *que les ouvriers des villes ne prétendent pas leur imposer leur volonté ni un ordre politique et social quelconque, inventé par les villes pour la plus grande félicité des campagnes; aussitôt qu'ils auront acquis l'assurance que les ouvriers n'ont aucunement l'intention de leur prendre leur terre.*

» Eh bien! il est de toute nécessité aujourd'hui que les ouvriers renoncent réellement à cette prétention et à cette intention, et qu'ils y renoncent de manière à ce que les paysans le sachent et en demeurent réellement convaincus. Les ouvriers doivent y renoncer, car alors même que des prétentions pareilles seraient réalisables, elles seraient souverainement *injustes* et *réactionnaires*; et maintenant que leur réalisation est devenue absolument impossible, elles ne constitueraient qu'une criminelle folie.

» De quel droit les ouvriers imposeraient-ils aux paysans une forme de gouvernement ou d'organisation quelconque? Du droit de la révolution, dit-on. Mais la révolution n'est plus révolution, lorsqu'au lieu de provoquer la liberté dans les masses, elle suscite la réaction dans leur sein. Le moyen et la condition, sinon le but principal de la révolution, c'est l'anéantissement du principe de l'autorité dans toutes ses manifestations possibles, c'est l'abolition complète de l'Etat politique et juridique, parce que l'Etat, frère cadet de l'Eglise, comme l'a fort bien démontré Proudhon, est la consécration historique de tous les despotismes, de tous les privilèges, la raison politique de tous les asservissements économiques et sociaux, l'essence même et le centre de toute réaction. Lorsqu'au nom de la Révolution on veut faire de l'Etat, ne fût-ce que de l'Etat provisoire, on fait de la réaction et on travaille pour le despotisme, non pour la liberté; pour l'institution du privilège contre l'égalité.

« C'est clair comme le jour. Mais les ouvriers socialistes de la France, élevés dans les traditions politiques des Jacobins, n'ont jamais voulu le comprendre. Maintenant ils seront forcés de le comprendre, par bonheur pour la Révolution et pour eux-mêmes. D'où leur est venue cette prétention aussi ridicule qu'arrogante, aussi injuste que funeste, d'imposer leur idéal politique et social à dix millions de paysans qui n'en veulent pas? C'est évidemment encore un héritage bourgeois, un legs politique de révolutionnarisme bourgeois. Quel est le fondement, l'explication, la théorie de cette prétention? C'est la supériorité prétendue ou réelle de l'intelligence, de l'instruction, en un mot de la civilisation ouvrière sur la civilisation des campagnes. Mais savez-vous qu'avec un tel principe on peut légitimer toutes les conquêtes, consacrer toutes les oppressions? Les bourgeois n'en ont jamais eu d'autre pour prouver leur mission de *gouverner*, ou, ce qui veut dire la même chose, d'exploiter le monde ouvrier. De nation à nation, aussi bien que d'une classe à une autre, ce principe fatal, et qui n'est autre que celui de l'autorité, explique et pose comme un droit tous les envahissements et toutes les conquêtes. Les Allemands ne s'en sont-ils pas toujours servis pour exécuter tous leurs attentats contre la liberté et contre l'indépendance des peuples slaves, et pour en légitimer la germanisation violente et forcée? C'est, disent-ils, la conquête de la civilisation sur la barbarie. Prenez garde; les Allemands commencent à s'apercevoir aussi que la civilisation germanique protestante est bien supérieure à la civilisation catholique, représentée en général par les peuples de race latine, et à la civilisation française en particulier. Prenez garde qu'ils ne s'imaginent bientôt qu'ils ont la mission de vous civiliser et de vous rendre heureux, comme vous vous imaginez, vous, avoir la mission de civiliser et d'émanciper vos compatriotes, vos frères, les paysans de la France. Pour moi, l'une et l'autre prétention sont également odieuses, et je vous déclare que, tant dans les rapports internationaux que dans les rapports d'une classe à une autre, je serai toujours du côté de ceux qu'on voudra civiliser par ce procédé. — Je me révolterai avec eux contre tous ces civilisateurs arrogants, qu'ils s'appellent les ouvriers ou les Allemands, et, en me révoltant contre eux, je servirai la révolution contre la réaction.

Mais s'il en est ainsi, dira-t-on, faut-il abandonner les paysans ignorants et superstitieux à toutes les influences et à toutes les intrigues de la réaction? Point du tout. Il faut écraser la réaction dans les campagnes aussi bien que dans les villes; mais il faut pour cela l'atteindre dans les faits, et ne pas lui faire la guerre à coups de décrets. Je l'ai déjà dit, on n'extirpe rien avec les décrets. Au contraire, les décrets et tous les actes de l'autorité consolident ce qu'ils veulent détruire.

» Au lieu de vouloir prendre aux paysans les terres qu'ils possèdent aujourd'hui, laissez-les suivre leur instinct naturel, et savez-vous ce qui arrivera alors? Le paysan veut avoir à lui *toute* la terre; il regarde le grand seigneur et le riche bourgeois, dont les vastes domaines, cultivés par des bras salariés, amoindrissent son champ, comme des étrangers et des usurpateurs. La Révolution de 1789 a donné aux paysans les terres de l'Eglise; *ils voudront profiter d'une autre révolution pour gagner celles de la noblesse et de la bourgeoisie.*

» Mais si cela arrivait, si les paysans mettaient la main sur toute la portion du sol qui ne leur appartient pas encore, n'aurait-on pas laissé renforcer par-là d'une manière fâcheuse le principe de la propriété individuelle, et les paysans ne se trouveraient-ils pas plus que jamais hostiles aux ouvriers socialistes des villes?

» Pas du tout, car, *une fois l'Etat aboli, la consécration juridique et politique, la garantie de la propriété par l'Etat, leur manquera. La propriété ne sera plus un droit, elle sera réduite à l'état d'un simple fait.*

» Alors ce sera la guerre civile, direz-vous. La propriété individuelle n'étant plus garantie par aucune autorité supérieure, politique, administrative, judiciaire et policière, et n'étant plus défendue que par la seule énergie du propriétaire, chacun voudra s'emparer du bien d'autrui, les plus forts pilleront les plus faibles.

» Il est certain que, dès l'abord, les choses ne se passeront pas d'une manière absolument pacifique : il y aura des luttes; l'*ordre public*, cette arche sainte des bourgeois, sera troublé, et les premiers faits qui résulteront d'un état de choses pareil pourront constituer ce qu'on est convenu d'appeler une guerre civile. Mais aimez-vous mieux livrer la France aux Prussiens ?......

» D'ailleurs, ne craignez pas que les paysans s'entre-dévorent; s'ils voulaient même essayer de le faire dans le commencement, ils ne tarderaient pas à se convaincre de l'impossibilité matérielle de persister dans cette voie, et alors on peut être certain qu'ils tâcheront de s'entendre, de transiger et de s'organiser entre eux. Le besoin de manger et de nourrir leurs familles, et par conséquent la nécessité de continuer les travaux de la campagne, la nécessité de garantir leurs maisons, leurs familles et leur propre vie contre des attaques imprévues, tout cela les forcera indubitablement à entrer bientôt dans les voies des arrangements mutuels.

» Et ne croyez pas non plus que dans ces arrangements, *amenés en dehors de toute tutelle officielle* par la seule force des choses, les plus forts, les plus riches exercent une influence prédominante. La richesse des riches, n'étant plus garantie par les institutions juridiques, cessera d'être une puissance. Les riches ne sont si influents aujourd'hui que parce que, courtisés par les fonctionnaires de l'Etat, ils sont spécialement protégés par l'Etat. Cet appui venant à leur manquer, leur puissance disparaîtra du même coup. Quant aux plus madrés, aux plus forts, ils seront annulés par la puissance collective de la masse des petits et des très-petits paysans, ainsi que des prolétaires des campagnes, masse aujourd'hui réduite à la souffrance muette, mais que le mouvement révolutionnaire armera d'une irrésistible puissance.

» Je ne prétends pas, notez-le bien, que les campagnes qui se réorganiseront ainsi, de bas en haut, créeront du premier coup une organisation idéale, conforme dans tous les points à celle que nous rêvons. Ce dont je suis convaincu, c'est que ce sera une organisation *vivante*, et, comme telle, supérieure mille fois à ce qui existe maintenant. D'ailleurs, cette organisation nouvelle restant toujours ouverte à la propagande des villes, et ne pouvant plus être fixée et pour ainsi dire pétrifiée par la sanction juridique de l'Etat, progressera librement, se développant et se perfectionnant d'une manière indéfinie, mais toujours vivante et libre, jamais décrétée ni légalisée, jusqu'à arriver à un point aussi raisonnable qu'on peut l'espérer de nos jours.

« Comme la vie et l'action spontanées, suspendues pendant des siècles par l'action absorbante de l'État, seront rendues aux communes, il est naturel que chaque commune prendra pour point de départ de son développement nouveau, non l'état intellectuel et moral dans lequel la fiction officielle la suppose, mais l'état réel de sa civilisation; et comme le degré de civilisation réelle est très-différent entre les communes de France, aussi bien qu'entre celles de l'Europe en général, il en résultera nécessairement une grande différence de développements; mais l'entente mutuelle, l'harmonie, l'équilibre établi d'un commun accord remplaceront l'unité artificielle et violente des États. Il y aura une vie nouvelle et un monde nouveau........

« Vous me direz : Mais cette agitation révolutionnaire, cette lutte intérieure qui doit naître nécessairement de la destruction des institutions politiques et juridiques, ne paralyseront-elles pas la défense nationale, et, au lieu de repousser les Prussiens, n'aura-t-on pas au contraire livré la France à l'invasion?

« Point du tout. L'histoire nous prouve que jamais les nations ne se montrèrent aussi puissantes au dehors que lorsqu'elles se sentirent profondément agitées et troublées à l'intérieur, et qu'au contraire elles ne furent jamais aussi faibles que lorsqu'elles apparaissaient unies et tranquilles sous une autorité quelconque. Au fond, rien de plus naturel : la lutte, c'est la pensée active, c'est la vie, et cette pensée active et vivante, c'est la force. Pour vous en convaincre, comparez entre elles quelques époques de votre propre histoire. Mettez en regard la France sortie de la Fronde, développée, aguerrie par les luttes de la Fronde, sous la jeunesse de Louis XIV, et la France de sa vieillesse, la monarchie fortement établie, unifiée, pacifiée par *le grand roi* : la première toute resplendissante de victoires, la seconde marchant de défaite en défaite à la ruine. Comparez dé même la France de 1792 avec la France d'aujourd'hui. Si jamais la France a été déchirée par la guerre civile, c'est bien en 1792 et 1793; le mouvement, la lutte, une lutte à vie et à mort se produisait sur tous les points de la République, et pourtant la France a repoussé victorieusement l'invasion de l'Europe presque tout entière coalisée contre elle. — En 1870, la France unie et pacifiée de l'empire est battue par les armées de l'Allemagne, et se montre démoralisée au point qu'on doit trembler pour son existence. »

————

Ici se présente une question : La révolution de 1792 et de 1793 a pu donner aux paysans, non gratis, mais à un prix très-bas, les biens nationaux, c'est-à-dire les terres de l'Eglise et de la noblesse émigrée, confisquées par l'État. Mais, objecte-t-on, elle n'a plus rien à donner aujourd'hui. Oh! que si; l'Eglise, les ordres religieux des deux sexes, grâce à la connivence criminelle de la monarchie légitime et du second empire surtout, ne sont-ils pas redevenus fort riches? Il est vrai que la plus grande partie de leurs richesses a été fort prudemment mobilisée, en prévision de révolutions possibles. L'Eglise, qui, à côté de ses préoccupations célestes, n'a jamais négligé ses intérêts matériels et s'est toujours distinguée par l'habile profondeur de ses spéculations économiques, a placé sans doute la majeure quantité de ses biens terrestres, qu'elle continue d'accroître chaque jour pour le plus grand bien des malheureux et des pauvres, dans toutes sortes d'entreprises commerciales, industrielles et banquières, tant privées que publiques, et dans les rentes de tous les pays, de sorte qu'il ne faudrait rien moins qu'une banqueroute universelle, qui serait la conséquence inévitable d'une révolution sociale universelle, pour la priver de cette richesse qui constitue aujourd'hui le principal instrument de sa puissance, hélas! encore par trop formidable. Mais il n'en reste pas moins vrai qu'elle possède aujourd'hui, surtout dans le Midi de la France, d'immenses propriétés en terres et en bâtiments, aussi bien qu'en ornements et ustensiles du culte, de véritables trésors en argent, en or et en pierres précieuses. — Eh bien! tout cela peut et doit être confisqué, non au profit de l'Etat, mais par les communes.

Il y a ensuite les biens de ces milliers de propriétaires bonapartistes qui, pendant les vingt années du régime impérial, se sont distingués par leur zèle et qui ont été ostensiblement protégés par l'empire. Confisquer ces biens n'était pas seulement un droit, c'était et cela reste encore un devoir. Car le parti bonapartiste n'est point un parti ordinaire, historique, sorti organiquement et d'une manière régulière des développements successifs, religieux, politiques et économiques du pays, et fondé sur un principe national quelconque, vrai ou faux. C'est une bande de brigands, d'assassins, de voleurs, qui, s'appuyant d'un côté *sur la lâcheté réactionnaire d'une bourgeoisie tremblante devant le spectre rouge, et encore rouge elle-même du sang des ouvriers de Paris qu'elle avait versé de ses mains*, et de l'autre sur la bénédiction des prêtres et sur l'ambition criminelle des officiers supérieurs de l'armée, s'était nuitamment emparée de la France : « Une douzaine de Robert-Macaire de la vie élégante, rendus solidaires par le vice et par une détresse commune, ruinés, perdus de réputation et de dettes, pour se refaire une position et une fortune, n'ont pas reculé devant un des plus affreux attentats connus dans l'histoire. Voilà en peu de mots toute la vérité sur le coup d'Etat de décembre. — Les brigands ont triomphé. Ils règnent depuis dix-huit ans sans partage sur le plus beau pays de l'Europe, et que l'Europe considère avec beaucoup de raison comme le centre du monde civilisé. *Ils ont créé une France officielle à leur image.* Ils ont gardé à peu près intacte l'apparence des institutions et des choses, mais ils en ont bouleversé le fond en le ravalant au niveau de leurs mœurs et de leur propre esprit. Tous les anciens mots sont restés. On y parle comme toujours de liberté, de justice, de dignité, de droit, de civilisation et d'humanité; mais le sens de ces mots s'est complétement transformé dans leur bouche, chaque parole signifiant en réalité tout le contraire de ce qu'elle semble vouloir exprimer : on dirait une société de bandits qui, par une ironie sanglante, ferait usage des plus honnêtes expressions pour discuter les desseins et les actes les plus pervers. N'est-ce pas encore aujourd'hui le caractère de la France impériale ? — Y a-t-il quelque chose de plus dégoûtant, de plus vil, par exemple, que le Sénat impérial, composé, aux termes de la Constitution, *de toutes les illustrations du pays ?* N'est-ce pas, à la connaissance de tout le monde, la maison des invalides de tous les complices du crime, de tous les décembristes repus ? Sait-on quelque chose de plus déshonoré que la justice de l'empire, que tous ces tribunaux et ces magistrats qui ne connaissent d'autre devoir que de soutenir dans toutes les occasions, et quand même, l'iniquité des créatures de l'empire (1) ? »

Voilà ce qu'au mois de mars, alors que l'empire était encore florissant, écrivait un de mes plus intimes amis. Ce qu'il disait des sénateurs et des juges était également applicable à toute la gent officielle et officieuse, aux fonctionnaires militaires et civils, communaux et départementaux, à tous les électeurs dévoués, ainsi qu'à tous les députés bonapartistes. La bande de brigands, d'abord pas trop nombreuse, mais grossissant chaque année davantage, attirant dans son sein, par le lucre, tous les éléments pervertis et pourris, puis les y retenant par la solidarité de l'infamie et du crime, avait fini par couvrir toute la France, l'enlaçant de ses anneaux comme un immense reptile.

Voilà ce qu'on appelle le parti bonapartiste. S'il y eut jamais un parti criminel et fatal à la France, ce fut celui-là. Il n'a pas seulement violé sa liberté, dégradé son caractère, corrompu sa conscience, avili son intelligence, déshonoré son nom ; il a détruit, par un pillage effréné, exercé pendant dix-huit ans de suite, sa fortune et ses forces, puis l'a livrée, désorganisée, désarmé, à la conquête des Prussiens. Au-

---

(1) *Les ours de Berne et l'ours de St-Pétersbourg.* — Complainte patriotique d'un Suisse humilié et désespéré. — Neuchâtel, 1870.

4

jourd'hui encore, alors qu'on aurait dû le croire déchiré de remords, mort de honte, anéanti sous le poids de son infamie, écrasé par le mépris universel, après quelques jours d'inaction apparente et de silence, il relève la tête, il ose parler de nouveau, et il conspire ouvertement contre la France, en faveur de l'infâme Bonaparte, désormais l'allié et le protégé des Prussiens.

Ce silence et cette inaction de courte durée avaient été causés non par le repentir, mais uniquement par la peur atroce que lui avait causée la première explosion de l'indignation populaire. Dans les premiers jours de septembre, les bonapartistes avaient cru à une révolution, et, sachant fort bien qu'il n'y a point de punition qu'ils n'eussent méritée, ils s'enfuirent et se cachèrent comme des lâches, tremblant devant la juste colère du peuple. Ils savaient que la Révolution, elle, n'aime pas les phrases, et qu'une fois qu'elle se réveille et agit, elle n'y va jamais de main morte. Les bonapartistes se crurent donc politiquement anéantis, et pendant les premiers jours qui suivirent la proclamation de la République, ils ne songèrent qu'à mettre en lieu sûr leurs richesses accumulées par le vol et leurs chères personnes.

Ils furent agréablement surpris de voir qu'ils pouvaient effectuer l'un et l'autre sans la moindre difficulté et sans le moindre danger. Comme en février et mars 1848, les doctrinaires bourgeois et les avocats qui se trouvent aujourd'hui à la tête du nouveau gouvernement provisoire de la République, au lieu de prendre des mesures de salut, firent des phrases. Ignorants de la pratique révolutionnaire et de la situation réelle de la France, tout aussi bien que leurs prédécesseurs, ayant comme eux la Révolution en horreur, MM. Gambetta et Cᵉ voulurent étonner le monde par une générosité chevaleresque et qui fut non-seulement intempestive, mais criminelle, qui constitua une vraie trahison contre la France, puisqu'elle rendit la confiance et les armes à son ennemi le plus dangereux, à la bande des bonapartistes.

Animé par ce désir vaniteux, par cette phrase, le gouvernement de la Défense nationale prit donc toutes les mesures nécessaires, et, cette fois, même les plus énergiques, pour que MM. les brigands, les pillards et les voleurs bonapartistes puissent tranquillement quitter Paris et la France, emportant avec eux toute leur fortune mobilisable et laissant sous sa protection toute spéciale leurs maisons et leurs terres qu'ils ne pouvaient emporter avec eux. Il poussa même sa sollicitude étonnante pour cette bande d'assassins de la France au point de risquer toute sa popularité en les protégeant contre la trop légitime indignation et la défiance populaires. Notamment, dans plusieurs villes de provinces, le peuple, qui n'entend rien à cette exhibition ridicule d'une générosité si mal placée, et qui, lorsqu'il se lève pour agir, marche toujours droit à son but, avait arrêté quelques hauts fonctionnaires de l'empire qui s'étaient spécialement distingués par l'infamie et par la cruauté de leurs actes tant officiels que privés. A peine le gouvernement de la Défense nationale, et principalement M. Gambetta comme ministre de l'Intérieur, en eut-il connaissance, que, se prévalant de ce pouvoir dictatorial qu'il croit avoir reçu du peuple de Paris, et dont, par une contradiction singulière, il ne croit devoir faire usage que contre le peuple des provinces, mais non dans ses rapports diplomatiques avec l'envahisseur étranger, il s'empressa d'ordonner de la manière la plus hautaine et la plus péremptoire de remettre immédiatement tous ces coquins en pleine liberté.

Vous vous rappelez, sans doute, cher ami, les scènes qui se sont passées dans la seconde moitié de septembre, à Lyon, par suite de la mise en liberté de l'ancien préfet, du procureur général et des sergents de ville de l'empire. Cette mesure, ordonnée directement par M. Gambetta, et exécutée avec zèle et bonheur par M. Andrieux, procureur de la République, assisté par le Conseil municipal, avait d'autant plus révolté le peuple de Lyon, qu'à cette heure même se trouvaient, dans les forts de cette ville, beaucoup de soldats emprisonnés, mis aux fers, pour le seul crime d'avoir manifesté hautement leur sympathie pour la République, et dont le peuple, depuis plusieurs jours, réclamait vainement la délivrance.

Je reviendrai sur cet incident, qui fut la première manifestation de la scission qui devait nécessairement se produire entre le peuple de Lyon et les autorités républicaines, tant municipales, électives, que nommées par le gouvernement de la Défense nationale. Je me bornerai maintenant, cher ami, à vous faire observer la contradiction plus qu'étrange, qui existe entre l'indulgence extrême, excessive, je dirai plus, impardonnable de ce gouvernement pour des gens qui ont ruiné, déshonoré et trahi le pays, et qui continuent de le trahir encore aujourd'hui, et la sévérité draconienne dont il use vis-à-vis des républicains, plus républicains et infiniment plus révolutionnaires que lui. On dirait que le pouvoir dictatorial lui a été donné non par la Révolution, mais par la réaction, pour sévir contre la Révolution, et que ce n'est que pour continuer la mascarade de l'Empire qu'il se donne le nom du gouvernement républicain.

On dirait qu'il n'a délivré et renvoyé des prisons les serviteurs les plus zélés et les plus compromis de Napoléon III, que pour faire place aux républicains. Vous avez été témoin et en partie aussi la victime de l'empressement et de la brutalité qu'ils ont mis à les persécuter, à les pourchasser, à les arrêter et à les emprisonner. Ils ne se sont pas contentés de cette persécution *officielle* et *légale*, ils ont eu recours à la plus infâme calomnie. Ils ont osé dire que ces hommes, qui, au milieu du mensonge officiel survivant à l'Empire et qui continue de ruiner les dernières espérances de la France, ont osé dire la vérité, toute la vérité au peuple, étaient des agents payés par les Prussiens.

Ils délivrent les Prussiens de l'Intérieur, notoires, avérés, les bonapartistes, car qui peut mettre en doute maintenant l'alliance ostensible de Bismarck avec les partisans de Napoléon III ? Ils font eux-mêmes les affaires de l'invasion étrangère; au nom de je ne sais quelle légalité ridicule et d'une direction gouvernementale qui n'existe que dans leurs phrases et sur le papier, ils paralysent partout le mouvement populaire, le soulèvement, l'armement et l'organisation spontanés des communes, qui dans les circonstances terribles où se trouve le pays peuvent seuls sauver la France; et par

là-même eux, les défenseurs nationaux, ils la livrent infailli-
blement aux Prussiens. Et non contents d'arrêter les hommes
franchement révolutionnaires, pour le seul crime d'avoir osé
dénoncer leur incapacité, leur impuissance et leur mauvaise
foi, et d'avoir montré les seuls moyens de salut pour la
France, ils se permettent encore de leur jeter à la face le sale
nom de Prussiens! Ah! que Proudhon avait raison lorsqu'il
disait (permettez-moi de vous citer tout ce passage, il est
trop beau et trop vrai, pour qu'on puisse en retrancher un
seul mot) :

« Hélas! On n'est jamais trahi que par les siens. En 1848,
comme en 1793, la Révolution eut pour enrayeurs ceux-là
même qui la représentaient. Notre républicanisme n'est toujours, comme le vieux jacobinisme, *qu'une humeur bourgeoise*, sans principe et sans plan, *qui veut et ne veut pas*, qui
toujours gronde, soupçonne et n'en est pas moins dupe;
*qui ne voit partout, hors de la coterie, que des factieux et des
anarchistes*; qui furetant les archives de la police, ne sait y
découvrir que les faiblesses, vraies ou supposées, des patriotes; qui interdit le culte de Châtel et fait chanter des
messes par l'archevêque de Paris; *qui, sur toutes les questions, esquive le mot propre, de peur de se compromettre, se
réserve sur tout, ne décide jamais rien, se méfie des raisons
claires et des positions nettes*. N'est-ce pas là, encore une fois,
Robespierre, *le parleur sans initiative*, trouvant à Danton
trop de virilité, *blâmant les hardiesses généreuses dont il se
sent incapable*, s'abstenant au 10 août (comme M. Gambetta
et Cⁱᵉ jusqu'au 4 septembre), n'approuvant ni ne désapprou-
vant les massacres de septembre, (comme ces mêmes citoyens, la proclamation de la république par le peuple de
Paris), votant la constitution de 93 et son ajournement à la
paix; flétrissant la fête de la *Raison* et faisant celle de l'*Être
suprême*; poursuivant Carrier et appuyant Fouquier-Tinville;
donnant le baiser de paix à Camille Desmoulins dans la ma-
tinée et le faisant arrêter dans la nuit; proposant l'abolition
de la peine de mort et rédigeant la loi du prairial; enché-
rissant tour à tour sur Sieyès, sur Mirabeau, sur Barnave, sur
Pétion, sur Danton, sur Marat, sur Hébert, puis faisant guillo-

tiner et proscrire, l'un après l'autre, Hébert, Danton, Pétion, Barnave, le premier comme anarhis te, le second comme indulgent, le troisième comme fédéraliste, le quatrième comme constitutionnel; *n'ayant d'estime que pour la bourgeoisie gouvernementale et le clergé réfractaire; jetant le discrédit sur la Révolution*, tantôt à propos du serment ecclésiastique, tantôt à l'occasion des assignats; *n'épargnant que ceux à qui le silence ou le suicide assure un refuge, et succombant enfin le jour où, resté presque seul avec les hommes du juste-railieu, il essaya d'enchaîner à son profit, et de connivence avec eux, la Révolution (1).*

Ah! oui, ce qui distingue tous ces républicains bourgeois, vrais disciples de Robespierre, c'est leur amour de l'autorité de l'Etat quand même et la haine de la Révolution. Cette haine et cet amour, ils l'ont en commun avec les monarchistes de toutes les couleurs, voire même avec les bonapartistes, et c'est cette identité de sentiments, cette connivence instinctive et secrète, qui les rendent précisément si indulgents et si singulièrement généreux pour les serviteurs les plus criminels de Napoléon III. Ils reconnaissent que parmi les hommes d'Etat de l'Empire, il en est de bien criminels, et que tous ont fait à la France un mal énorme et à peine réparable. Mais après tout, c'étaient des hommes d'Etat, ces commissaires de police, ces mouchards patentés et décorés, qui dénoncèrent constamment aux persécutions impériales tout ce qui restait d'honnête en France; les sergents de ville eux-mêmes, ces assommeurs privilégiés du public, n'étaient-ils pas après tout des serviteurs de l'Etat? Et entre hommes d'Etat on se doit des égards, car les républicains officiels et bourgeois sont des hommes d'Etat avant tout, et ils en voudraient beaucoup à celui qui se permettrait d'en douter. Lisez tous leurs discours, ceux de M. Gambetta surtout. Vous y trouverez dans chaque mot cette préoccupation constante de l'Etat, cette prétention ridicule et naïve de se poser en homme d'Etat.

Il ne faut jamais le perdre de vue, car cela explique tout,

---

(1) Proudbon. *Idée générale de la Révolution.*

et leur indulgence pour les brigands de l'Empire, et leurs sévérités contre les républicains révolutionnaires. Monarchiste ou républicain, un homme d'Etat ne peut faire autrement que d'avoir la Révolution et les Révolutionnaires en horreur; car la Révolution, c'est le renversement de l'Etat, les révolutionnaires sont les destructeurs de l'ordre bourgeois, de l'ordre public.

Croyez-vous que j'exagère? Je vous le prouverai par des faits.

Ces mêmes républicains bourgeois qui, en Février et en Mars 1848, avaient applaudi à la générosité du gouvernement provisoire qui avait protégé la fuite de Louis-Philippe et de tous les ministres, et qui après avoir aboli la peine de mort pour cause politique, avaient pris la résolution magnanime de ne poursuivre aucun fonctionnaire public pour des méfaits commis sous le régime précédent; ces mêmes républicains bourgeois, — y compris M. Jules Favre sans doute, l'un des représentants les plus fanatiques comme on sait de la réaction bourgeoise en 1848, et dans la Constituante et dans l'Assemblée législative, et aujourd'hui membre du gouvernement de la Défense nationale et représentant de la France républicaine à l'extérieur; — ces mêmes républicains bourgeois, qu'ont-ils dit, décrété et fait en Juin? Ont-ils usé de la mansuétude envers les masses ouvrières, poussées à l'insurrection par la faim?

M. Louis Blanc, qui est un homme d'Etat aussi, mais un homme d'Etat socialiste, vous répondra (1):

« 15,000 citoyens furent arrêtés après les événements de Juin, et 4,348 frappés de la transportation sans jugement, *par mesure de sûreté générale*. Pendant deux ans, ils demandèrent des juges; on leur envoya des commissions de *clémence*, et les mises en liberté furent aussi arbitraires que leurs arrestations. Croirait-on qu'un homme se soit trouvé qui ait osé prononcer devant une Assemblée, en plein dix-neuvième siècle, les paroles que voici : « Il serait impossible de mettre en jugement les transportés de Belle-Isle, contre beaucoup d'entr'eux, il n'existe pas de preuves matérielles. »

(1) *Histoire de la Révolution de 1848*, par Louis Blanc. Tome second.

Et comme, selon l'affirmation de cet homme, qui était Baroche (le Baroche de l'Empire, et en 1848 le complice de Jules Favre et de plus d'un autre républicain, dans le crime commis en Juin contre les ouvriers), — *il n'existait pas de preuves matérielles* qui donnassent d'avance la certitude que le jugement aboutirait à une condamnation, on condamna 468 proscrits des pontons, sans les juger, à être transportés en Algérie. Parmi eux figurait Lagarde, ex-président des délégués du Luxembourg. Il écrivit, de Brest, aux ouvriers de Paris l'admirable et poignante lettre que voici :

« Frères, — celui qui, par suite des événements de Février 1848, fut appelé à l'insigne honneur de marcher à votre tête; celui qui depuis dix-neuf mois, souffre en silence, loin de sa nombreuse famille, les tortures de la plus monstrueuse captivité; celui, enfin, qui vient d'être condamné, *sans jugement*, à dix années de travaux forcés sur la terre étrangère, et cela, en vertu *d'une loi rétroactive, d'une loi conçue, votée et promulguée sous l'inspiration de la haine et de la peur* (par des républicains bourgeois); celui-là, dis-je, n'a pas voulu quitter le sol de la mère-patrie, sans connaître les motifs sur lesquels un ministre audacieux a osé échafauder la plus terrible des proscriptions.

» En conséquence, il s'est adressé au commandant du ponton *la Guerrière*, lequel lui a donné communication de ce qui suit, *textuellement* extrait des notes jointes à son dossier :

« *Lagarde, délégué du Luxembourg, homme d'une probité incontestable, homme très-paisible, instruit, généralement aimé, et, par cela même, très-dangereux pour la propagande.* »

« Je ne livre que ce fait à l'appréciation de mes concitoyens, convaincu que leur conscience saura bien juger qui, des bourreaux ou de la victime, mérite le plus leur compassion.

» Quant à vous, frères, permettez-moi de vous dire, je pars, mais je ne suis pas vaincu, sachez-le bien ! je pars, mais je ne vous dis pas adieu.

» Non, frères, je ne vous dis pas adieu. Je crois au bon sens du peuple; j'ai foi dans la sainteté de la cause à laquelle j'ai voué toutes mes facultés intellectuelles; j'ai foi en la République, parce qu'elle est impérissable comme le monde. C'est pourquoi je vous dis au revoir, et surtout *union et clémence !*

» Vive la République !

» En rade de Brest.

» Ponton *la Guerrière.*

» LAGARDE,

» *Ex-Président des délégués du Luxembourg.* »

Qu'y a-t-il de plus éloquent que ces faits! Et n'a-t-on pas eu mille fois raison de dire et de répéter que la réaction bourgeoise de Juin, cruelle, sanglante, horrible, cynique, éhontée, a été la vraie mère du Coup-d'Etat de Décembre. Le principe était le même, la cruauté impériale n'a été que l'imitation de la cruauté bourgeoise, n'ayant renchéri seulement que sur le nombre des victimes déportées et tuées. Quant aux tués, ce n'est pas même encore certain, car le massacre de Juin, les exécutions sommaires exécutées par les gardes nationales bourgeoises sur les ouvriers disséminés, sans aucun jugement préalable, et non pas le jour même, mais le lendemain de la victoire, ont été horribles. Quant au nombre des déportés, la différence est notable. Les républicains bourgeois avaient arrêté 15,000 et transporté 4,348 ouvriers. Les brigands de Décembre ont arrêté à leur tour près de 26,000 citoyens, et transporté à peu près la moitié, 13,000 citoyens à peu près. Evidemment de 1848 à 1852, il y a eu progrès, mais seulement dans la quantité, non dans la qualité. Quant à la qualité, c'est-à-dire au principe, on doit reconnaître que les brigands de Napoléon III ont été beaucoup plus excusables que les républicains bourgeois de 1848. Ils étaient des brigands, des sicaires d'un despote; donc en assassinant des républicains dévoués, ils faisaient leur métier; et on peut même dire qu'en déportant la moitié de leurs prisonniers, en ne les assassinant pas tous à la fois, ils avaient fait en quelque sorte acte de générosité; tandis que les républicains bourgeois, en déportant sans aucun jugement, *par mesure de sûreté générale,* 4,348 citoyens, ont foulé aux pieds leur conscience, craché à la face de leur propre principe, et en préparant, en *légitimant* le Coup-d'Etat de Décembre, ils ont assassiné la République.

Oui, je le dis ouvertement, à mes yeux et devant ma conscience, les Morny, les Baroche, les Persigny, les Fleury, les Piétri et tous leurs compagnons de la sanglante orgie impériale, sont beaucoup moins coupables que M. Jules Favre, aujourd'hui membre du gouvernement de la Défense nationale, moins coupables que tous les autres républicains bourgeois qui, dans l'Assemblée constituante et dans l'Assemblée législative, de 1848 à Décembre 1851, ont voté avec lui. Ne serait-ce pas aussi le sentiment de cette culpabilité et de cette solidarité criminelle avec les bonapartistes, qui les rend aujourd'hui si indulgents et si généreux pour ces derniers?

Il est un autre fait digne d'observation et de méditation. Excepté Proudhon et Louis Blanc, presque tous les historiens de la Révolution de 1848 et du Coup-d'Etat de Décembre, aussi bien que les plus grands écrivains du Radicalisme bourgeois, les Victor Hugo, les Guizot, etc., ont beaucoup parlé du crime et des criminels de Décembre, mais ils n'ont jamais daigné s'arrêter sur le crime et sur les criminels de Juin? Et pourtant il est si évident que Décembre ne fut autre chose que la conséquence fatale et la répétition en grand de Juin!

Pourquoi ce silence sur Juin? Est-ce parce que les criminels de Juin étaient des républicains bourgeois, dont les écrivains ci-dessus nommés ont été moralement, plus ou moins complices? Complices de leur principe et nécessairement alors les complices indirects de leur fait. Cette raison est probable. Mais il en est une autre encore, qui est certaine: Le crime de Juin n'a frappé que des ouvriers, des socialistes révolutionnaires, par conséquent des *étrangers* à la classe et des ennemis naturels du principe que représentent tous ces écrivains honorables. Tandis que le crime de Décembre a atteint et déporté des milliers de républicains bourgeois, leurs frères au point de vue social, leurs coreligionnaires au point de vue politique. Et d'ailleurs ils en ont été eux-mêmes tous plus ou moins les victimes. De là leur extrême sensibilité pour Décembre et leur indifférence pour Juin.

Règle générale : Un bourgeois, quelque républicain rouge qu'il soit, sera beaucoup plus vivement affecté, ému et frappé par une mésaventure dont un autre bourgeois sera victime, ce bourgeois fût-il même un impérialiste enragé, que du malheur d'un ouvrier, d'un homme du peuple. Dans cette différence, il y a sans doute une grande injustice, mais cette injustice n'est point préméditée, elle est instinctive. Elle provient de ce que les conditions et les habitudes de la vie, qui exercent sur les hommes une influence toujours plus puissante que leurs idées et leurs convictions politiques, ces conditions et ces habitudes, cette manière spéciale d'exister, de se développer, de penser et d'agir, tous ces rapports sociaux si multiples et en même temps si régulièrement convergents au même but, qui constituent la vie bourgeoise, le monde bourgeois, établissent entre les hommes qui appartiennent à ce monde, quelque soit la différence de leurs opinions politiques, une solidarité infiniment plus réelle, plus profonde, plus puissante et surtout plus sincère, que celle qui pourrait s'établir entre les bourgeois et les ouvriers, par suite d'une communauté plus ou moins grande de convictions et d'idées.

La vie domine la pensée et détermine la volonté. Voilà une vérité que l'on ne doit jamais perdre de vue, quand on veut comprendre quelque chose aux phénomènes politiques et sociaux. Si l'on veut donc établir entre les hommes une sincère et complète communauté de pensées et de volonté, il faut les fonder sur les mêmes conditions de la vie, sur la communauté des intérêts. Et comme il y a, par les conditions mêmes de leur existence respective, entre le monde bourgeois et le monde ouvrier, un abîme, l'un étant le monde exploitant, l'autre exploité et victime, j'en conclus que si un homme, né et élevé dans le milieu bourgeois, veut devenir, sincèrement et sans phrases, l'ami et le frère des ouvriers, il doit renoncer à toutes les conditions de son existence passée, à toutes les habitudes bourgeoises, rompre tous ses rapports de sentiment, de vanité et d'esprit avec le monde bourgeois, et tournant le dos à ce monde, devenant son ennemi et lui déclarant une guerre irréconciliable, se jeter entièrement, sans restriction ni réserve, dans le monde ouvrier.

S'il ne trouve pas en lui une passion de justice suffisante pour lui inspirer cette résolution et ce courage, qu'il ne se trompe pas soi-même, et qu'il ne trompe pas les ouvriers, il ne deviendra jamais leur ami. Ses pensées abstraites, ses rêves de justice, pourront bien l'entraîner dans les moments de réflexion, de théorie et de calme, alors que rien ne bouge à l'extérieur, du côté du monde exploité. Mais que vienne un moment de grande crise sociale, alors que ces deux mondes irréconciliablement opposés se rencontrent dans une lutte suprême, et toutes les attaches de sa vie le rejetteront inévitablement dans le monde exploiteur. C'est ce qui est précédément arrivé à beaucoup de nos ci-devant amis, et c'est ce qui arrivera toujours à tous les républicains et socialistes bourgeois.

Les haines sociales, comme les haines religieuses, sont beaucoup plus intenses, plus profondes que les haines politiques. Voilà l'explication de l'indulgence de vos démocrates bourgeois pour les bonapartistes et de leur sévérité excessive contre les révolutionnaires socialistes. Ils détestent beaucoup moins les premiers que les derniers; ce qui a pour conséquence nécessaire de les unir avec les bonapartistes dans une commune réaction.

Les bonapartistes, d'abord excessivement effrayés, s'aperçurent bientôt qu'ils avaient dans le gouvernement de la Défense nationale et dans tout ce monde quasi-républicain et officiel nouveau, improvisé par ce gouvernement, des alliés puissants. Ils ont dû s'étonner et se réjouir beaucoup — eux qui, à défaut d'autres qualités, ont au moins celle d'être des hommes réellement pratiques et de vouloir les moyens qui conduisent à leur but — de voir que ce gouvernement, non content de respecter leurs personnes et de les laisser jouir en pleine liberté du fruit de leur rapine, avait conservé dans toute l'administration militaire, juridique et civile, de la nouvelle République, les vieux fonctionnaires de l'Empire, se contentant seulement de remplacer les préfets et les sous-préfets, les procureurs généraux et les procureurs de la République, mais laissant tous les bureaux des préfectures aussi bien que des ministères eux-mêmes, remplis de bonapartistes, et l'immense majorité des communes de France sous le joug corrupteur des municipalités nommées par le gouvernement de Napoléon III, de ces mêmes municipalités qui ont fait le dernier plébiscite et qui, sous le ministère Palikao et sous la direction jésuitique de Chevreau, ont fait, dans les campagnes, une si atroce propagande en faveur de l'infâme.

Ils durent rire beaucoup de cette niaiserie vraiment inconcevable de la part des hommes d'esprit qui composent le gouvernement provisoire actuel, d'avoir pu espérer que du moment qu'eux, républicains, s'étaient mis à la tête du pouvoir, toute cette administration bonapartiste deviendrait républicaine aussi. Les bonapartistes agirent bien autrement en Décembre. Leur premier soin fut de briser et d'expulser jusqu'au moindre petit fonctionnaire, qui n'avait pas voulu se laisser corrompre, de chasser toute l'administration républicaine, et de placer dans toutes les fonctions, depuis les plus hautes jusqu'aux plus inférieures, des créatures de la bande bonapartiste. Quant aux républicains et aux révolutionnaires, ils déportèrent et emprisonnèrent les derniers, et expulsèrent de France les premiers, ne laissant dans l'intérieur du pays que les plus inoffensifs, les moins résolus, les moins convaincus, les plus bêtes, ou bien ceux qui, d'une manière ou d'une autre, avaient consenti à se vendre. C'est ainsi qu'ils parvinrent à s'emparer du pays et à le malmener, sans aucune résistance de sa part, pendant plus de vingt ans; puisque, comme je l'ai déjà observé, le bonapartisme date de Juin et non de Décembre, et que M. Jules Favre et ses amis, républicains-bourgeois des Assemblées constituante et législative, en ont été les vrais fondateurs.

Il faut être juste pour tout le monde, même pour les bonapartistes. Ce sont des coquins, il est vrai; mais des coquins très-pratiques. Ils ont eu, je le répète encore, la connaissance et la volonté des moyens qui conduisaient à leur but, et sous ce rapport ils se sont montrés infiniment supérieurs aux républicains, qui se donnent des airs de gouverner la France aujourd'hui. A cette heure même, après leur défaite, ils se montrent supérieurs et beaucoup plus puissants que tous ces républicains officiels qui ont pris leurs places. Ce ne sont pas les républicains, ce sont eux qui gouvernent la France encore aujourd'hui. Rassurés par la générosité du gouvernement de la Défense nationale, consolés de voir régner partout, au lieu de cette Révolution qu'ils redoutent, la réaction gouvernementale, retrouvant dans toutes les parties de l'administration de la République, leurs vieux amis, leurs complices, irrévocablement à eux enchaînés par cette *solidarité de l'infamie et du crime*, dont j'ai déjà parlé et sur laquelle je reviendrai encore plus tard, et conservant en leurs mains un instrument terrible, toute cette immense richesse qu'ils ont accumulée par vingt ans d'horrible pillage, les bonapartistes ont décidément relevé la tête.

Leur action occulte et puissante, mille fois plus puissante que celle du roi d'Yvetot collectif qui gouverne à Tours, se sent partout. Leurs journaux, *La Patrie*, *Le Constitutionnel*, *Le Pays*, *Le Peuple* de M. Duvernois, *La Liberté* de M. Emile de Girardin et bien d'autres encore, continuent de paraître. Ils trahissent le gouvernement de la République et parlent ouvertement, sans crainte ni vergogne, comme s'ils n'avaient pas été les traîtres salariés, les corrupteurs, les vendeurs, les ensevelisseurs de la France. M. Emile de Girardin qui s'était enroué pendant les premiers jours de Septembre, a retrouvé sa voix, son cynisme et son incomparable félonie; comme en 1848, il propose généreusement au gouvernement de la République une idée par jour. Rien ne le trouble, rien ne l'étonne; du moment qu'il est entendu qu'on ne touchera ni à sa personne, ni à sa poche, il est rassuré et se sent de nouveau maître de son terrain. « Etablissez seulement la République, écrit-il, et vous verrez les belles réformes politiques, économiques, philosophiques que je vous proposerai. » Les journaux de l'empire refont ouvertement la réaction au profit de l'empire. Les organes du jésuitisme recommencent à parler des bienfaits de la religion.

L'intrigue bonapartiste ne se borne pas à cette propagande par la presse. Elle est devenue toute-puissante dans les campagnes et dans les villes aussi. Dans les campagnes, soutenue par une foule de grands et de moyens propriétaires bonapartistes, par MM. les curés et par toutes ces anciennes municipalités de l'empire, tendrement conservées et protégées par le gouvernement de la République, elle prêche plus passionnément que jamais la haine de la République et l'amour de l'empire. Elle détourne les paysans de toute participation à la Défense nationale et leur conseille, au contraire, de bien accueillir les Prussiens, ces nouveaux alliés de l'empereur. Dans les villes, appuyés par les bureaux des préfectures et des sous-préfectures, sinon par les préfets et les sous-préfets eux-mêmes, par les juges de l'empire sinon par les avocats généraux et par les procureurs de la République, par les généraux et presque tous les officiers supérieurs de l'armée, sinon par les soldats qui sont patriotes, mais qui sont enchaînés par la vieille discipline, appuyés aussi par la grande partie des municipalités, par l'immense majorité des grands et petits commerçants, industriels, propriétaires, boutiquiers; appuyés même par cette foule de républicains bourgeois, modérés, timorés, antirévolutionnaires, quand même, et qui, ne trouvant de l'énergie que contre le peuple, font les affaires du bonapartisme sans le savoir et sans le vouloir; soutenus par tous ces éléments de la réaction inconsciente et consciente, les bonapartistes paralysent tout ce qui est mouvement, action spontanée et organisation des forces populaires, et par là même livrent incontestablement les villes aussi bien que les campagnes aux Prussiens et par les Prussiens au chef de leur bande, à l'empereur. Enfin, que dirai-je, ils livrent aux Prussiens les forteresses et les armées de la France, preuve : les capitulations infâmes de Sédan, de Strasbourg, de Rouen........ Ils tuent la France.

Le gouvernement de la Défense nationale devait-il et

pouvait-il le souffrir? Il me semble qu'à cette question il ne peut exister qu'une réponse : Non, mille fois non. Son premier, son plus grand devoir, au point de vue du salut de la France, c'était d'extirper jusque dans sa racine la conspiration et l'action malfaisante des bonapartistes. Mais comment l'extirper? Il n'y avait qu'un seul moyen ; c'était de les faire arrêter et emprisonner d'abord, tous en masse, à Paris et dans les provinces, à commencer par l'impératrice Eugénie et sa cour, tous les hauts fonctionnaires militaires et civils, sénateurs, conseillers d'Etat, députés bonapartistes, généraux, colonels, capitaines au besoin, archevêques et évêques, préfets, sous-préfets, maires, juges de paix, tout le corps administratif et judiciaire, sans oublier la police, tous les propriétaires notoirement dévoués à l'empire, tout ce qui constitue en un mot la bande bonapartiste.

Cette arrestation en masse était-elle possible? Rien n'était plus facile. Le gouvernement de la Défense nationale et ses délégués dans les provinces n'avaient qu'à faire un signe, tout en recommandant aux populations de ne maltraiter personne, et on pouvait être certain qu'en peu de jours, sans beaucoup de violence et sans aucune effusion de sang, l'immense majorité des bonapartistes, surtout tous les hommes riches, influents et notables de ce parti, sur toute la surface de la France, auraient été arrêtés et emprisonnés. Les populations des départements n'en avaient-elles pas arrêté beaucoup de leur propre mouvement dans la première moitié de septembre, et, remarquez-le bien, sans faire de mal à aucun, de la manière la plus polie et la plus humaine du monde.

La cruauté et la brutalité ne sont plus dans les mœurs du peuple français, surtout ils ne sont plus dans les mœurs du prolétariat des villes de la France. S'il en reste quelques vestiges, il faut les chercher en partie chez les paysans, mais surtout dans la classe aussi stupide que nombreuse des boutiquiers. Ah! ceux-là sont vraiment féroces! Ils l'ont prouvé en juin 1848 (1), et bien des faits prouvent qu'ils

(1) Voici en quels termes M. Louis Blanc décrit le lendemain de la victoire remportée en juin par les gardes nationales bourgeoises sur les ouvriers de Paris :

n'ont pas changé de nature aujourd'hui. Ce qui rend surtout
le boutiquier si féroce, c'est, à côté de sa stupidité désespé-

---

« Rien ne saurait rendre la situation et l'aspect de Paris pendant
les heures qui précédèrent et suivirent immédiatement la fin de ce
drame inouï. A peine l'état de siége avait-il été déclaré, que des
commissaires de police étaient allés dans toutes les directions ordonner aux passants de rentrer chez eux. Et malheur à qui
reparaîtrait, jusqu'à décision nouvelle, sur le seuil de sa porte!
Le décret vous avait-il surpris vêtu d'un habit bourgeois, loin de
votre demeure, vous y étiez reconduit de poste en poste, et sommé
de vous y renfermer. Des femmes ayant été arrêtées portant des
messages dans leurs cheveux, et des cartouches ayant été saisies
dans la doublure de quelques fiacres, tout devint matière à soupçon.
Les cercueils pouvaient contenir de la poudre : on se défia des
enterrements, et les cadavres, sur la route de l'éternel repos,
furent notés comme suspects. La boisson fournie aux soldats (de la
garde nationale, bien entendu) pouvait être empoisonnée : on ar-
rêta par précaution de pauvres vendeurs de limonade, et des
vivandières de quinze ans firent peur. Défense aux citoyens de se
montrer aux croisées et même de laisser les persiennes ouvertes,
car l'espionnage et le meurtre étaient là aux aguets sans doute!
Une lampe agitée derrière une vitre, les reflets de la lune sur
l'ardoise d'un toit, suffirent pour répandre l'épouvante. Déplorer
l'égarement des insurgés; pleurer, parmi tant de vaincus, ceux
qu'on avait aimés, nul ne l'eût osé impunément. *On fusilla une
jeune fille parce qu'elle avait fait de la charpie,* dans une ambu-
lance d'insurgés, pour son amant peut-être, pour son mari, pour
son père !

» La physionomie de Paris fut, durant quelques jours, celle
d'une ville prise d'assaut. Le nombre des maisons en ruines et des
édifices auxquels le canon avait fait brèche *témoignait assez de la
puissance de ce grand effort d'un peuple aux abois.* Des lignes de
bourgeois en uniforme coupaient les rues; des patrouilles effa-
rées battaient le pavé...... Parlerai-je de la répression ?

» Ouvriers! et vous tous qui tenez encore les armes levées
» contre la République, une dernière fois, au nom de tout ce
» qu'il y a de respectable, de saint, de sacré pour les hommes, dé-
» posez vos armes! L'Assemblée nationale, la nation tout entière
» vous le demandent. *On vous dit que de cruelles vengeances vous
» attendent : ce sont nos ennemis, es vôtres qui parlent ainsi!* Ou
» vous dit que vous serez sacrifiés de sang-froid! Venez à nous,
» venez comme des frères repentants et soumis à la loi, et les
» bras de la République sont prêts à vous recevoir. »

» Telle était la proclamation que, le 26 juin, le général Cavai-
gnac avait adressée aux insurgés. Dans une seconde proclamation
adressée, le 26, à la garde nationale et à l'armée, il disait : « Dans

rante, sa lâcheté, c'est la peur, et son insatiable cupidité. Il se venge pour la peur qu'on lui a fait éprouver et pour les risques qu'on a fait courir à sa bourse qui, à côté de sa grosse vanité, constitue, comme on sait, la partie la plus sensible de son être. Il ne se venge que lorsqu'il peut le faire absolument sans le moindre danger pour lui-même. Oh! mais alors il est sans pitié.

Quiconque connaît les ouvriers de France sait que, si les vrais sentiments humains, si fortement diminués et surtout si considérablement faussés de nos jours par l'hypocrisie officielle et par la sensiblerie bourgeoise, se sont conservés quelque part, c'est parmi eux; c'est la seule classe de la

---

» Paris, je vois des vainqueurs et des vaincus. Que mon nom soit » maudit, si je consentais à y voir des victimes! »

» Jamais, assurément, plus belles paroles n'avaient été prononcées, en un pareil moment surtout! Mais comment cette promesse fut-elle remplie, juste ciel?....

» .... Les représailles eurent, en maint endroit, un caractère sauvage : c'est ainsi que *des prisonniers entassés* dans le jardin des Tuileries, au fond du souterrain du bord de l'eau, *furent tués au hasard* par des balles qu'on leur envoyait à travers les lucarnes ; c'est ainsi que *des prisonniers furent fusillés à la hâte* dans la plaine de Grenelle, au cimetière Mont-Parnasse, dans les carrières de Montmartre, dans la cour de l'hôtel de Cluny, au cloître Saint-Benoît.... et qu'enfin une humiliante terreur plana, la lutte finie, sur Paris dévasté....

» .... Un trait achèvera le tableau.

» Le 3 juillet, un assez grand nombre de prisonniers furent retirés des caves de l'École militaire pour être conduits à la préfecture de police, et, de là, dans les forts. *On les lia quatre à quatre par les mains et avec des cordes très-serrées. Puis, comme ces malheureux avaient de la peine à marcher, épuisés qu'ils étaient par la faim, on apporta devant eux des écuelles remplies de soupe. Ayant les mains garrottées, ils furent obligés de se coucher sur le ventre et de se traîner jusqu'aux écuelles comme des animaux, aux éclats de rire des officiers de l'escorte, qui appelaient cela le socialisme en pratique!* Je tiens le fait d'un de ceux à qui fut infligé ce supplice. »

(*Histoire de la Révolution de 1848,*
par Louis Blanc, tome second.)

Voilà donc l'humanité bourgeoise, et nous avons vu comment, plus tard, la justice des républicains bourgeois s'est manifestée par la transportation, *sans jugement, par simple mesure de sûreté générale,* de 4,348 citoyens sur 15,000 citoyens arrêtés.

société aujourd'hui dont on puisse dire qu'elle est réellement généreuse, trop généreuse par moment, et trop oublieuse des crimes atroces et des odieuses trahisons dont elle a été trop souvent la victime. Elle est incapable de cruauté. Mais il y a en elle en même temps un instinct juste qui la fait marcher droit au but, un bon sens qui lui dit que quand on veut mettre fin à la malfaisance, il faut d'abord arrêter et paralyser les malfaiteurs. La France était évidemment trahie; il fallait empêcher les traîtres de la trahir davantage. C'est pourquoi, presque dans toutes les villes de France, le premier mouvement des ouvriers fut d'arrêter et d'emprisonner les bonapartistes.

Le gouvernement de la Défense nationale les fit relâcher partout. Qui a eu tort, les ouvriers ou le gouvernement? Sans doute le dernier. Il n'a pas eu seulement tort, il a commis un crime en les faisant relâcher. Et pourquoi n'a-t-il pas fait relâcher en même temps tous les assassins, les voleurs et les criminels de toutes sortes qui sont détenus dans les prisons de France? Quelle différence y a-t-il entre eux et les bonapartistes? Je n'en vois aucune, et si elle existe, elle est toute en faveur des criminels communs, toute contre les bonapartistes. Les premiers ont volé, attaqué, maltraité, assassiné des individus. Une partie des derniers ont littéralement commis les mêmes crimes, et tous ensemble ils ont pillé, violé, déshonoré, assassiné, trahi et vendu la France, un peuple entier. Quel est le crime le plus grand? Sans doute celui des bonapartistes.

Le gouvernement de la Défense nationale aurait-il fait plus de mal à la France, s'il avait fait relâcher tous les criminels et forçats détenus dans les prisons et travaillant dans les bagnes, qu'il ne lui en a fait en respectant et en faisant respecter la liberté et la propriété des bonapartistes, en les laissant librement consommer la ruine de la France? Non, mille fois non! Les forçats libérés tueraient quelques dizaines, disons quelques centaines, ou bien même quelques milliers d'individus, — les Prussiens en tuent bien davantage chaque jour; — puis ils seraient vite repris et réemprisonnés par le peuple lui-même. Les bonapartistes tuent le peuple, et pour peu qu'on les laisse faire encore quelque temps, c'est le peuple entier, c'est la France qu'ils mettront en prison.

Mais comment arrêter et retenir en prison tant de gens sans aucun jugement? Ah! qu'à cela ne tienne! Pour peu qu'il se trouve en France un nombre suffisant de juges intègres, et pour peu qu'ils se donnent la peine de fouiller dans les actes passés des serviteurs de Napoléon III, ils trouveront bien sans doute de quoi condamner les trois quarts au bagne et beaucoup d'entre eux même à mort, en leur appliquant simplement et sans aucune sévérité excessive le Code criminel.

D'ailleurs, les bonapartistes eux-mêmes n'ont-ils pas donné l'exemple? N'ont-ils pas, pendant et après le coup de décembre, arrêté et emprisonné plus de 26,000, et transporté en Algérie et à Cayenne plus de 13,000 citoyens patriotes? On dira qu'il leur était permis d'agir ainsi, parce qu'ils étaient des bonapartistes, c'est-à-dire des gens sans foi, sans principe, des brigands. Mais que les républicains, qui luttent au nom du droit et qui veulent faire triompher le principe de la justice, ne doivent pas, ne peuvent pas en transgresser les conditions fondamentales et premières. — Alors je citerai un autre exemple :

En 1848, après VOTRE victoire de juin, Messieurs les républicains bourgeois, qui vous montrez si scrupuleux maintenant sur cette question de justice, parce qu'il s'agit d'en faire l'application aujourd'hui aux bonapartistes, c'est-à-dire à des hommes qui, par leur naissance, leur éducation, leurs habitudes, leur position dans la société et par leur manière d'envisager la question sociale, la question de l'émancipation du prolétariat, appartiennent à votre classe, sont vos frères; — après ce triomphe remporté par vous en juin sur les ouvriers de Paris, l'Assemblée nationale, dont vous étiez, Monsieur Jules Favre, dont vous étiez, Monsieur Crémieux, et au sein de laquelle, vous au moins, Monsieur Jules Favre, vous étiez en ce moment, avec M. Pascal Duprat, votre confrère, l'un des organes les plus éloquents de la réaction furieuse; — cette Assemblée de républicains bourgeois n'a-t-elle pas souffert que, pendant trois jours de suite, la bourgeoisie furieuse fusillât, sans aucun jugement, des centaines, pour ne point dire des milliers d'ouvriers désarmés? Et, immédiatement après, n'a-t-elle pas fait jeter dans les pontons 15,000 ouvriers, *sans aucun jugement, par simple mesure de sûreté publique?* Et après qu'ils furent restés des mois, demandant vainement cette justice au nom de laquelle vous faites tant de phrases maintenant, dans l'espoir que ces phrases pourront masquer votre connivence avec la réaction, cette même Assemblée de républicains bourgeois, vous ayant toujours à sa tête, Monsieur Jules Favre, n'en avait-elle pas fait condamner 4,348 à la transportation, encore *sans jugement* et toujours *par mesure de sûreté générale?* Allez, vous n'êtes tous que d'odieux hypocrites!

Comment se fait-il que M. Jules Favre n'ait pas retrouvé en lui-même et n'ait pas cru bon d'employer contre les bonapartistes un peu de *cette fière énergie,* un peu de cette férocité impitoyable qu'il a si largement manifestés en juin 1848, lorsqu'il s'agissait de frapper des ouvriers socialistes? Ou bien pense-t-il que les ouvriers, qui réclament leur droit à la vie, aux conditions d'une existence humaine, qui demandent, les armes à la main, la justice égale pour tous, soient plus coupables que les bonapartistes qui assassinent la France?

Eh bien, oui! Telle est incontestablement, non sans doute la pensée explicite, — une telle pensée n'oserait s'avouer à elle-même, — mais l'instinct profondément bourgeois, et, à cause de cela même, un abîme, qui inspire tous les décrets du gouvernement de la Défense Nationale, aussi bien que les actes de la majeure partie de ses délégués provinciaux: Commissaires-généraux, préfets, sous-préfets, procureurs-généraux et procureurs de la République, qui, appartenant soit au barreau, soit à la presse républicaine, représentent, pour ainsi dire, la fine fleur du jeune radicalisme bourgeois. Aux yeux de tous ces ardents patriotes, de même que dans l'opinion *historiquement constatée* de M. Jules Favre, *la Révolution sociale constitue pour la France un danger encore plus grave que l'invasion étrangère elle-même.* Je veux bien croire que, sinon tous, au moins la plus grande partie de ces dignes citoyens feraient volontiers le sacrifice de leur vie pour sauver la gloire, la grandeur et l'indépendance de la France; mais je suis également et même plus certain, d'un autre côté, qu'une majorité plus considérable encore, parmi eux, préférera voir plutôt cette noble France subir le joug temporaire des Prussiens, que de devoir son salut à une franche révolution populaire qui démolirait inévitablement du même coup la domination économique et politique de leur classe. De là leur indulgence révoltante, mais forcée pour les partisans si nombreux et malheureusement encore trop puissants de la trahison Bonapartiste, et leur sévérité passionnée, leurs persécutions implacables contre les socialistes révolutionnaires, représentants de ces classes ouvrières qui, seules, prennent aujourd'hui la délivrance du pays au sérieux.

Il est évident que ce ne sont pas de vains scrupules de justice, mais bien la crainte de provoquer et d'encourager la Révolution sociale qui empêche le gouvernement de sévir contre la conspiration flagrante du parti bonapartiste. Autrement comment expliquer qu'il ne l'ait pas fait déjà le 4 septembre? A-t-il pu douter un seul instant, lui qui a osé prendre sur lui la terrible responsabilité du salut de la France, de son droit et de son devoir de recourir aux mesures les plus énergiques contre les infâmes partisans d'un régime qui, non content d'avoir plongé la France dans l'abîme, s'efforce encore aujourd'hui de paralyser tous ses moyens de défense, dans l'espoir de pouvoir rétablir le trône impérial avec l'aide et sous le protectorat des Prussiens?

Les membres du gouvernement de la Défense Nationale détestent la révolution, soit. Mais s'il est avéré et s'il devient de jour en jour plus évident, que dans la situation désastreuse dans laquelle se trouve placée la France, il ne lui reste plus d'autre alternative que celle-ci : *ou la Révolution, ou le joug des Prussiens,* ne considérant la question qu'au point de vue du patriotisme, ces hommes, qui ont assumé le pouvoir dictatorial, au nom du salut de la France, ne seront-ils pas des criminels, ne seront-ils pas, eux-mêmes, des traîtres à leur patrie, si, par haine de la Révolution, ils livrent la France, ou seulement la laissent livrer, aux Prussiens?

Voici bientôt un mois que le régime impérial, renversé par les baïonnettes prussiennes, a croulé dans la boue. Un gouvernement provisoire, composé de bourgeois plus ou moins radicaux, a pris sa place. Qu'a-t-il fait pour sauver la France?

Telle est la véritable question, l'unique question. Quant à celle de la légitimité du gouvernement de la Défense Nationale et de son droit, je dirai plus, de son devoir d'accepter le pouvoir des mains du peuple de Paris, après que ce dernier eut enfin balayé la vermine bonapartiste, elle ne put être posée, le lendemain de la honteuse catastrophe de Sédan, que par des complices de Napoléon III, ou, ce qui veut dire la même chose, par des ennemis de la France. M. Emile de Girardin fut naturellement de ce nombre (1).

------

(1) Aucun ne personnifie mieux l'immoralité politique et sociale de la bourgeoisie actuelle que M. Emile de Girardin. Charlatan intellectuel sous les apparences d'un penseur sérieux, apparences qui ont trompé beaucoup de gens, jusqu'à Proudhon lui-même, qui eut la naïveté de croire que M. de Girardin pouvait s'attacher de bonne foi et pour tout de bon à un principe quelconque, le ci-devant rédacteur de la *Presse* et de la *Liberté* est pire qu'un sophiste, c'est un sophistiqueur, un fraudulateur de tous les principes. Il suffit qu'il touche à l'idée la plus simple, la plus vraie, la plus utile, pour qu'elle soit immédiatement faussée et empoisonnée. D'ailleurs, il n'a jamais rien inventé; son affaire ayant toujours consisté à falsifier les inventions d'autrui. On le considère, dans un certain monde, comme le plus habile créateur et rédacteur de journaux. Certes, sa nature d'exploiteur et de falsificateur des idées d'autrui, et son charlatanisme effronté, ont dû le rendre très-propre à ce métier. Toute sa nature, tout son être se résument en ces deux mots: *réclame* et *chantage*. Au journalisme il doit toute sa fortune; et l'on ne devient pas riche par la presse, quand on reste honnêtement attaché à la même conviction et au même drapeau. Aussi, nul n'a poussé aussi loin l'art de changer habilement et à temps ses convictions et ses drapeaux. Il a été, tour à tour, orléaniste, républicain et bonapartiste, et il serait devenu légitimiste ou communiste au besoin. On le dirait doué de l'instinct des rats, car il a toujours su quitter le vaisseau de l'Etat à la veille du naufrage. C'est ainsi qu'il avait tourné le dos au gouvernement de Louis Phi-

Si le moment n'était pas aussi terrible, on aurait pu rire beaucoup en voyant l'effronterie incomparable de ces gens. Ils surpassent aujourd'hui Robert Macaire, le chef spirituel de leur Eglise, et Napoléon III, lui-même, qui en est le chef visible.

---

lippe quelques mois avant la révolution de Février, non pour les raisons qui poussèrent la France à renverser le trône de Juillet, mais pour des raisons propres à lui et dont les deux principales furent sans doute son ambition vaniteuse et son amour du lucre déçus. Le lendemain de Février, il se pose en républicain très-ardent, plus républicain que les républicains de la veille ; il propose ses idées et sa personne ; une idée par jour, naturellement dérobée à quelqu'un, mais préparée, transformée par M. Emile de Girardin lui-même, de manière à empoisonner quiconque l'accepterait de ses mains : une apparence de vérité, avec un inépuisable fond de mensonge ; — et sa personne, portant naturellement ce mensonge et avec lui le discrédit et le malheur sur toutes les causes qu'elle embrasse. Idées et personne furent repoussés par le mépris populaire. Alors M. de Girardin devint l'ennemi implacable de la République. Nul ne conspira aussi méchamment contre elle, nul ne contribua autant, au moins d'intention, à sa chûte. Il ne tarde pas à devenir l'un des agents les plus actifs et les plus intrigants de Bonaparte. Ce journaliste et cet *homme d'Etat* étaient faits pour s'entendre. Napoléon III réalisait, en effet, tous les rêves de M. Emile de Girardin. C'était l'homme fort, se jouant, commé lui, de tous les principes, et doué d'un cœur assez large pour s'élever au-dessus de tous les vains scrupules de conscience, au-dessus de tous les étroits et ridicules préjugés d'honnêteté, de délicatesse, d'honneur, de moralité publique et privée, au-dessus de tous les sentiments d'humanité ; scrupules, préjugés et sentiments, qui ne peuvent qu'entraver l'action politique ; c'est l'homme de l'époque, en un mot, évidemment appelé à gouverner le monde. Pendant les premiers jours qui suivirent le coup d'Etat, il y eut quelque chose comme une brouille légère entre l'*auguste* souverain et l'*auguste* journaliste. Mais ce ne fut autre chose qu'une bouderie d'amants, non une dissidence de principes. M. Emile de Girardin ne se crut point suffisamment récompensé. Il aime, sans doute, beaucoup l'argent, mais il lui faut aussi des honneurs, une participation au pouvoir. Voilà ce que Napoléon III, malgré toute sa bonne volonté, ne put jamais lui accorder. Il y eut toujours près de lui quelque Morny, quelque Fleury, quelque Billault, quelque Rouher, qui l'en empêchèrent. De sorte que ce ne fut seulement que vers la fin de son règne qu'il put conférer à M. Emile de Girardin la dignité de sénateur de l'empire. Si Emile Ollivier, l'ami de cœur, l'enfant adoptif et en quelque sorte la créature de M. Emile de Girardin,

Comment! Ils ont tué la République et fait monter le
digne empereur sur le trône, par les moyens que l'on sait.
Pendant vingt ans de suite, ils ont été les instruments très-
intéressés et très-volontaires des plus cyniques violations de
tous les droits et de toutes les légitimités possibles; ils ont
systématiquement corrompu, empoisonné et désorganisé la
France, ils l'ont abêtie; ils ont enfin attiré sur cette malheureuse victime de leur cupidité et de leur honteuse ambition
des malheurs dont l'immensité dépasse tout ce que l'imagination la plus pessimiste avait pu prévoir. En présence
d'une catastrophe si horrible et dont ils ont été les auteurs
principaux, écrasés par le remords, par la honte, par la ter-

---

n'était pas tombé sitôt, nous aurions vu, sans doute, le grand journaliste ministre. M. Emile de Girardin fut un des principaux auteurs
du ministère Ollivier. Dès lors, son influence politique s'accrut. Il
fut l'inspirateur et le conseiller persévérant des deux derniers
actes politiques de l'empereur qui ont perdu la France : le plébiscite et la guerre. Adorateur désormais agréé de Napoléon III, ami
du général Prim en Espagne, père spirituel d'Emile Ollivier, et sénateur de l'empire, M. Emile de Girardin se sentit trop grand
homme à la fin pour continuer son métier de journaliste. Il aban-
donna la rédaction de la *Liberté* à son neveu et disciple, au propagateur fidèle de ses idées, M. Détroyat; et comme une jeune fille
qui se prépare pour sa première communion, il se renferma lui-
même dans un recueillement méditatif, afin de recevoir avec toute
la dignité convenable ce pouvoir si longtemps convoité et qui allait
enfin tomber dans ses mains. Quelle désillusion amère! Abandonné
cette fois par son instinct ordinaire, M. Emile de Girardin n'avait
point senti que l'empire croulait, et que c'étaient précisément ses
inspirations et ses conseils qui le poussaient dans l'abîme. Il n'était
plus temps pour faire volte-face. Entraîné dans la chute, M. de Girardin tombe de toute la hauteur de ses rêves ambitieux, au moment même où ils semblaient devoir s'accomplir...... Il tombe
aplati, et cette fois définitivement annulé. Depuis le 4 septembre, il
se donne toutes les peines du monde, mettant en œuvre ses anciens artifices, pour attirer sur lui l'attention du public. Il ne se
passe pas une semaine que son neveu, le nouveau rédacteur de la
Liberté, ne le proclame le premier homme d'Etat de la France et
de l'Europe. Tout cela est en pure perte. Personne ne lit la *Liberté*, et la France a bien autre chose à faire que de s'occuper des
grandeurs de M. Emile de Girardin. Il est bien mort, cette fois, et
Dieu veuille que le charlatanisme moderne de la parole, qu'il a
tant contribué à créer, soit également mort avec lui.

reur, par la crainte d'un châtiment populaire, mille fois mérité, ils auraient dû rentrer sous terre, n'est-ce pas? ou se réfugier au moins, comme leur maître, sous le drapeau des Prussiens, le seul qui soit capable de couvrir aujourd'hui leur saleté. Eh bien non, rassurés par l'indulgence criminelle du gouvernement de la Défense Nationale, ils sont restés à Paris et ils se sont répandus dans toute la France, réclamant à haute voix contre ce gouvernement qu'ils déclarent illégal et illégitime, au nom des droits du peuple, au nom du suffrage universel.

Leur calcul est juste. Une fois la déchéance de Napoléon III devenue un fait irrévocablement accompli, il ne reste plus d'autre moyen de le ramener en France que le triomphe définitif des Prussiens. Mais pour assurer et pour accélérer ce triomphe, il faut paralyser tous les efforts patriotiques et réellement révolutionnaires de la France, détruire dans leur racine tous les moyens de défense, et pour atteindre ce but, la voie la plus courte, la plus certaine, c'est la convocation immédiate d'une Assemblée constituante. Je le prouverai.

Mais d'abord je crois utile de démontrer que les Prussiens peuvent et doivent vouloir le rétablissement de Napoléon III sur le trône de France.

La position du comte de Bismarck et de son maître Guillaume Ier, toute triomphante qu'elle est, n'est pas facile du tout. Leur but est évident : c'est l'unification à moitié forcée et à moitié volontaire de tous les États de l'Allemagne sous le sceptre royal de Prusse, qu'on transformera sans doute bientôt en sceptre impérial; c'est la constitution du plus puissant empire au cœur de l'Europe. Il y a à peine cinq ans que parmi les cinq grandes puissances de l'Europe, la Prusse était considérée comme la dernière. Aujourd'hui elle veut devenir et, sans doute, elle va devenir la première, et gare alors à l'indépendance et à la liberté de l'Europe! gare aux petits États surtout, qui ont le malheur de posséder en leur sein des populations germaniques ou ci-devant germaniques, comme les Flamands par exemple.

L'appétit de l'orgueil allemand est aussi féroce que sa servilité est énorme, et s'appuyant sur ce patriotique appétit et sur cette servilité toute allemande, M. le comte de Bismarck, qui n'a point de scrupules et qui est trop homme d'Etat pour épargner le sang des peuples, et pour respecter leur bourse, leur liberté et leurs droits, serait bien capable d'entreprendre, au profit de son maître, la réalisation des rêves de Charles-Quint.

Une partie de la tâche immense qu'il s'est imposée est achevée; grâce à la connivence de Napoléon III qu'il a dupé, grâce à l'alliance de l'empereur Alexandre II qu'il dupera, il est déjà parvenu à écraser l'Autriche. Aujourd'hui il la maintient dans le respect par l'attitude menaçante de son alliée fidèle, la Russie.

Quant à l'empire du czar, depuis le partage de la Pologne et précisément par ce partage, il est inféodé au royaume de Prusse comme ce dernier est inféodé à l'empire de toutes les Russies. Ils ne peuvent se faire la guerre, à moins d'émanciper les provinces polonaises qui leur sont échues, ce qui est aussi impossible pour l'un que pour l'autre, parce que la possession de ces provinces constitue pour chacun d'eux la condition essentielle de sa puissance comme Etat. Ne pouvant se faire la guerre, *nolens volens*, ils doivent être d'intimes alliés. Il suffit que la Pologne bouge, pour que l'Empire de Russie et le royaume de Prusse soient obligés d'éprouver l'un pour l'autre un surcroît de passion. Cette solidarité forcée est le résultat fatal, souvent désavantageux et toujours pénible, de l'acte de brigandage qu'ils ont commis tous les deux contre cette noble et malheureuse Pologne; car il ne faut pas s'imaginer que les Russes, mêmes officiels, aiment les Prussiens, ni que ces derniers adorent les Russes; au contraire, ils se détestent cordialement, profondément; mais, comme deux brigands, enchaînés l'un à l'autre par la solidarité du crime, ils sont obligés de marcher ensemble et de s'entr'aider mutuellement; de là l'ineffable tendresse qui unit les deux cours de St-Pétersbourg et de Berlin, et que le comte de Bismark n'oublie jamais d'entretenir par quelques cadeaux, par exemple par quelques malheureux patriotes polonais livrés de temps à autre aux bourreaux de Varsovie ou de Wilna.

A l'horizon de cette amitié sans nuage, il se montre pourtant déjà un point noir : c'est la question des provinces baltiques. Ces provinces, on le sait, ne sont ni russes, ni allemandes, elles sont lettes ou finnoises, la population allemande, composée de nobles et de bourgeois, n'y constituant qu'une minorité très-infime ; ces provinces avaient appartenu d'abord à la Pologne, plus tard à la Suède, plus tard encore, elles furent conquises par la Russie. La plus heureuse solution pour elles, au point de vue populaire, — et je n'en admets pas d'autre, — ce serait, selon moi, leur retour ensemble avec la Finlande, non sous la domination de la Suède, mais dans une alliance fédérative, très-intime, avec elle, à titre de membres de la fédération scandinave, embrassant la Suède, la Norwège, le Danemark et toute la partie danoise du Schleswig, n'en déplaise à MM. les Allemands. Ce serait juste, ce serait naturel, et ces deux raisons suffiront pour que cela déplaise aux Allemands ; cela mettrait enfin une limite salutaire à leurs ambitions maritimes. Les Russes veulent russifier ces provinces, les Allemands veulent les germaniser. Les uns comme les autres ont tort. L'immense majorité de la population qui déteste également les Allemands et les Russes, veut rester ce qu'elle est, c'est-à-dire finnoise et lette, et elle ne pourra trouver le respect de son autonomie et de son droit d'être elle-même que dans la Confédération scandinave.

Mais comme je l'ai dit, cela ne se concilie aucunement avec les convoitises patriotiques des Allemands. Depuis quelque temps on se préoccupe beaucoup de cette question en Allemagne. Elle y a été réveillée par les persécutions du gouvernement russe contre le Clergé protestant qui, dans ces provinces, est allemand. Ces persécutions sont odieuses comme le sont tous les actes d'un despotisme quelconque, russe ou prussien ; mais elles ne surpassent pas celles que le gouvernement prussien commet chaque jour dans les provinces prusso-polonaises, et pourtant, ce même public allemand se garde bien de protester contre le despotisme prussien. De tout cela il résulte que pour les Allemands il ne s'agit pas du tout de justice, mais d'acquisition, de conquête.

Ils convoitent ces provinces, qui leur seraient effectivement très-utiles, au point de vue de leur puissance maritime dans la Baltique, et je ne doute pas que Bismarck ne nourrisse, dans quelque compartiment très-reculé de son cerveau, l'intention de s'en emparer tôt ou tard, d'une manière ou d'une autre. Tel est le point noir qui surgit entre la Russie et la Prusse.

Tout noir qu'il est, il n'est pas encore capable de les séparer. Elles ont trop besoin l'une de l'autre. La Prusse, qui désormais ne pourra plus avoir d'autre allié en Europe que la Russie, car tous les autres Etats, sans excepter même l'Angleterre, se sentant aujourd'hui menacés par son ambition, qui bientôt ne connaîtra plus de limites, se tournent ou se tourneront tôt ou tard contre elle; — la Prusse se gardera donc bien de poser maintenant une question qui nécessairement devrait la brouiller avec son unique amie, la Russie. Elle aura besoin de son aide, de sa neutralité au moins, aussi longtemps qu'elle n'aura pas anéanti complètement, au moins pour vingt ans, la puissance de la France, détruit l'empire d'Autriche et englobé la Suisse allemande, une partie de la Belgique, la Hollande et tout le Danemark; la possession de ces deux derniers royaumes lui étant indispensable pour la création et pour la consolidation de sa puissance maritime. Tout cela sera la conséquence nécessaire de son triomphe sur la France, si seulement ce triomphe est définitif et complet. Mais tout cela, en supposant même les circonstances les plus heureuses pour la Prusse, ne pourra pas se réaliser d'un seul coup. L'exécution de ces projets immenses prendra bien des années, et pendant tout ce temps, la Prusse aura besoin plus que jamais du concours de la Russie; car il faut bien supposer que le reste de l'Europe, tout lâche et tout stupide qu'il se montre à présent, finira pourtant par se réveiller quand il sentira le couteau sur sa gorge, et ne se laissera pas accomoder à la sauce prusso-germanique, sans résistance et sans combattre. Seule, la Prusse, même triomphante, même après avoir écrasé la France, serait trop faible pour lutter contre tous les Etats de l'Europe réunis. Si la Russie se tournait aussi contre elle,

elle serait perdue. Elle succomberait même avec la neutralité russe; il lui faudra absolument le concours effectif de la Russie, ce même concours qui lui rend aujourd'hui un service immense, en tenant en échec l'Autriche; car il est évident que si l'Autriche n'était point menacée par la Russie, le lendemain même de l'entrée des armées allemandes sur le territoire de la France, elle aurait jeté les siennes sur la Prusse, sur l'Allemagne dégarnie de soldats, pour reconquérir sa domination perdue et pour tirer une revanche éclatante de Sadowa.

M. de Bismarck est un homme trop prudent pour se brouiller au milieu de circonstances pareilles avec la Russie. Certes cette alliance doit lui être désagréable sous bien des rapports. Elle le dépopularise en Allemagne. M. de Bismarck est sans doute trop homme d'État pour attacher une valeur sentimentale à l'amour et à la confiance des peuples. Mais il sait que cet amour et cette confiance constituent par moments une grande force, la seule chose qui, aux yeux d'un profond politique comme lui, soit vraiment respectable. Donc cette impopularité de l'alliance russe le gêne. Il doit sans doute regretter que la seule alliance qui reste aujourd'hui à l'Allemagne soit précisément celle que repousse le sentiment unanime de l'Allemagne.

Quand je parle des sentiments de l'Allemagne, j'entends naturellement ceux de sa bourgeoisie et de son prolétariat. La noblesse allemande n'a point de haine pour la Russie, car elle ne connaît de la Russie que l'Empire, dont la politique barbare et les procédés sommaires lui plaisent, flattent ses instincts, conviennent à sa propre nature. Elle avait pour feu l'empereur Nicolas une admiration enthousiaste, un vrai culte. Ce Gengis-Khan germanisé, ou plutôt ce prince allemand mongolisé, réalisait à ses yeux le sublime idéal du souverain absolu. Elle en retrouve aujourd'hui l'image fidèle dans son roi-croquemitaine, le futur empereur de l'Allemagne. Ce n'est donc pas la noblesse allemande qui s'opposera jamais à l'alliance russe. Elle l'appuie au contraire avec une double passion; d'abord par sympathie profonde pour les tendances despotiques de la politique russe, ensuite parce que son roi veut cette alliance, et aussi longtemps que la politique royale tendra à l'asservissement des peuples, cette volonté pour elle sera sacrée. Il n'en serait pas ainsi, sans doute, si le roi, devenu tout d'un coup infidèle à toutes les traditions de sa dynastie, décrétait leur émancipation. Alors, mais seulement alors, elle serait capable de se révolter contre lui, ce qui d'ailleurs ne serait pas fort dangereux, car la noblesse allemande, toute nombreuse qu'elle est, n'a aucune puissance qui lui soit propre. Elle n'a point de racines dans le pays et n'y existe comme caste bureaucratique et militaire surtout, que par la grâce de l'Etat. Au reste, comme il n'est pas probable que le futur empereur de l'Allemagne signe jamais *librement* et de son mouvement propre un décret d'émancipation, on peut espérer que la touchante harmonie qui existe entre lui et sa fidèle noblesse se maintiendra toujours. Pourvu qu'il continue d'être un franc despote, elle restera son esclave dévouée, heureuse de se prosterner devant lui et d'exécuter tous ses ordres si tyraniques et si féroces qu'ils soient.

Il n'en est pas ainsi du prolétariat de l'Allemagne. J'entends surtout le prolétoriat des villes. Celui des campagnes est trop écrasé, trop anéanti et par sa position précaire, et par ses rapports de subordination habituelle vis-à-vis des paysans propriétaires, et par l'instruction systématiquement empoisonnée de mensonges politiques et religieux qu'il reçoit dans les écoles primaires, pour qu'il puisse seulement savoir lui-même quels sont ses sentiments et ses vœux ; ses pensées dépassent rarement l'horizon trop étroit de son existence misérable. Il est nécessairement socialiste par position et par nature, mais sans qu'il s'en doute lui-même. Seule, la révolution sociale franchement universelle et bien large, plus universelle et plus large que ne la rêvent les démocrates-socialistes de l'Allemagne, pourra réveiller le diable qui dort en lui. Ce diable : l'instinct de la liberté, la passion de l'égalité, la sainte révolte, une fois réveillé en son sein, ne se rendormira plus. Mais jusqu'à ce moment suprême, le prolétaire des campagnes restera, conformément aux recommandations de M. le pasteur, l'humble sujet de son roi, et l'instrument machinal entre les mains de toutes les autorités publiques et privées possibles.

Quant aux paysans propriétaires, ils sont en majorité plutôt portés à soutenir la politique royale qu'à la combattre. Il y a pour cela beaucoup de raisons; d'abord l'antagonisme des campagnes et des villes qui existe en Allemagne aussi bien qu'ailleurs, et qui s'y est solidement établi depuis 1525, alors que la bourgeoisie de l'Allemagne, ayant Luther et Melanchton à sa tête, trahit d'une manière si honteuse et si désastreuse pour elle-même, l'unique révolution de paysans qu. ait eu lieu en Allemagne; ensuite l'instruction profondément rétrograde dont j'ai déjà parlé et qui domine dans toutes les écoles de l'Allemagne et de la Prusse surtout; — l'égoïsme, les instincts et les préjugés de conservation qui sont inhérents à tous les propriétaires grands et petits; enfin l'isolement relatif des travailleurs des campagnes, qui ralentit d'une manière excessive la circulation des idées, et le développement des passions politiques. De tout cela il résulte que les paysans propriétaires de l'Allemagne s'intéressent beaucoup plus à leurs affaires communales qui les touchent de plus près, qu'à la politique générale. Et comme la nature allemande, généralement considérée, est beaucoup plus portée à l'obéissance qu'à la résistance, à la pieuse confiance qu'à la révolte, il s'en suit que le paysan allemand s'en remet volontiers pour tous les intérêts généraux du pays, à la sagesse des hautes autorités instituées par Dieu. Il arrivera sans doute un moment où le paysan de l'Allemagne se réveillera aussi. Ce sera lorsque la grandeur et la gloire du nouvel empire prusso-germanique qu'on est en train de fonder aujourd'hui, non sans une certaine admiration et même une certaine sympathie mystique et historique de sa part, se traduira pour lui en lourds impôts, en désastres économiques; ce sera lorsqu'il verra sa petite propriété, grévée de dettes, d'hypothèques, de taxes et de surtaxes de toutes sortes, se fondre et disparaître entre ses mains, pour aller arrondir le patrimoine toujours grossissant des grands propriétaires; ce sera lorsqu'il reconnaîtra que, par une loi économique fatale, il est poussé à son tour dans le prolétariat. Alors il se réveillera et probablement il se révoltera aussi. Mais ce moment est encore éloigné, et s'il faut l'attendre, l'Allemagne qui ne pêche pourtant pas par une trop grande impatience, pourrait bien perdre patience.

Le prolétariat des fabriques et des villes se trouve dans une situation toute contraire, quoiqu'attachés comme des serfs, par la misère, aux localités dans lesquelles ils travaillent, les ouvriers n'ayant pas de propriété, n'ont point d'intérêts locaux. Tous les intérêts sont d'une nature générale, pas même nationale, mais internationale; parce que la question du travail et du salaire, la seule qui les intéresse directement, réellement, quotidiennement, vivement, mais qui est devenue le centre et la base de toutes les autres questions, tant sociales que politiques et religieuses, tend, aujourd'hui à prendre, par le simple développement de la toute puissance du capital dans l'industrie et dans le commerce, un caractère absolument international. C'est là ce qui explique la merveilleuse croissance de l'*Association Internationale des Travailleurs*, association qui, fondée il y a dix ans à peine, compte déjà, dans la seule Europe, plus d'un million de membres.

Les ouvriers allemands ne sont pas restés en arrière des autres. Dans ces dernières années surtout ils ont fait des progrès considérables, et le moment n'est pas éloigné peut-être où ils pourront se constituer en une véritable puissance. Ils y tendent d'une manière, il est vrai, qui ne me paraît pas la meilleure pour atteindre ce but, au lieu de chercher à former une puissance franchement révolutionnaire, négative, destructive de l'Etat, la seule qui, selon ma conviction profonde, puisse avoir pour résultat l'émancipation intégrale et universelle des travailleurs et du travail, ils désirent, ou plutôt ils se laissent entraîner par leurs chefs à rêver la création d'une puissance positive, l'institution d'un nouvel Etat ouvrier, populaire (Volksstaat) nécessairement national, patriotique et pangermanique, ce qui les met en contradiction flagrante avec les principes fondamentaux de l'*Association Internationale*, et dans une position fort équivoque vis-à-vis de l'empire prusso-germanique, nobiliaire et bourgeois.

que M. de Bismarck est en train de pétrir. Ils espèrent sans
doute que par la voie d'une agitation légale d'abord, suivie plus
tard d'un mouvement révolutionnaire plus prononcé et plus
décisif, ils parviendront à s'en emparer et à le transformer
en un Etat purement populaire. Cette politique que je considère comme illusoire et désastreuse, imprime tout d'abord
à leur mouvement un caractère réformateur et non révolutionnaire, ce qui d'ailleurs tient peut-être aussi quelque peu
à la nature particulière du peuple allemand, plus disposé aux
réformes successives et lentes qu'à la révolution. Cette politique offre encore un autre grand désavantage, qui n'est
du reste qu'une conséquence du premier : c'est de mettre
le mouvement socialiste des travailleurs de l'Allemagne à la
remorque du parti de la démocratie bourgeoise. On a voulu
renier plus tard l'existence même de cette alliance, mais
elle n'a été que trop bien constatée par l'adoption partielle du programme bourgeoisement-socialiste du Dr Jacobi,
comme base d'une entente possible entre les bourgeois démocrates et le prolétariat de l'Allemagne, ainsi que par les
différents essais de transaction, tentés dans les congrès de
Nuremberg et de Stuttgart. C'est une alliance pernicieuse
sous tous les rapports, elle ne peut apporter aux ouvriers
aucune utilité même partielle, puisque le parti des démocrates et des socialistes bourgeois en Allemagne est vraiment
un parti trop nul, trop ridiculement impuissant pour leur
apporter une force quelconque, mais elle a beaucoup contribué à rétrécir et à fausser le programme socialiste des
travailleurs de l'Allemagne. Le programme des ouvriers de
l'Autriche par exemple, avant qu'ils ne se soient laissé enré-
gimenter dans le parti de la démocratie-socialiste, a été bien
autrement large, infiniment plus large et plus pratique aussi
qu'il ne l'est à présent.

Quoi qu'il en soit, c'est bien plutôt une erreur de système
que d'intérêt, l'intérêt des ouvriers allemands est franchement révolutionnaire et le deviendra chaque jour davantage.
Les intrigants soudoyés par M. de Bismarck auront beau faire,
ils ne parviendront jamais à inféoder la masse des travailleurs allemands à son empire prusso-germanique. D'ailleurs

le temps de ses questions gouvernementales avec le socialisme est passé. Ayant désormais pour lui l'enthousiasme servile et stupide de toute la bourgeoisie de l'Allemagne, l'indifférence et la passive obéissance sinon les sympathies des campagnes, toute la noblesse allemande qui n'attend qu'un signe pour exterminer la canaille, et la puissance organisée d'une force militaire immense inspirée et conduite par cette même noblesse, M. de Bismarck voudra nécessairement écarter le prolétariat et l'extirper dans sa racine, par le fer et le feu, cette gangrène, cette maudite question sociale dans laquelle s'est concentré tout ce qui reste d'esprit de révolte dans les hommes et dans les nations, ce sera une guerre à mort contre le prolétariat, en Allemagne, comme partout ailleurs, mais tout en invitant les ouvriers de tous les pays à s'y bien préparer, je déclare que je ne crains pas cette guerre. Je compte sur elle au contraire pour mettre le diable au corps des masses ouvrières. Elle coupera court à tous ces raisonnements sans dénouement et sans fin (*isis Blanchinein*) qui endorment, qui épuisent sans amener aucun résultat, et elle allumera au sein du prolétariat de l'Europe cette passion, sans laquelle il n'y a jamais de triomphe. Quant au triomphe final du prolétariat, qui peut en douter? La justice, la logique de l'histoire est pour lui.

L'ouvrier allemand, devenant de jour en jour plus révolutionnaire, a hésité pourtant un instant, au commencement de cette guerre. D'un côté, il voyait Napoléon III, de l'autre Bismarck avec son roi-croquemitaine; le premier représentant l'invasion, les deux autres la défense nationale. N'était-il pas naturel que malgré toute son antipathie pour ces deux représentants du despotisme allemand, il ait cru un instant que son devoir d'Allemand lui commandait de se ranger sous leur drapeau? Mais cette hésitation ne fut pas de longue durée.

A peine les premières nouvelles des victoires remportées par les troupes allemandes furent-elles annoncées en Allemagne, aussitôt qu'il devint évident que les Français ne pourraient plus passer le Rhin, surtout après la capitulation de Sedan, et la chute mémorable et irrévocable de Napoléon III dans la boue, alors que la guerre de l'Allemagne contre la France perdant son caractère de légitime défense, avait pris celui d'une guerre de conquête, d'une guerre du despotisme allemand contre la liberté de la France, les sentiments du prolétariat allemand changèrent tout d'un coup et prirent une direction ouvertement opposée à cette guerre et profondément sympathique pour la République française. Et ici je m'empresse de rendre justice aux chefs du parti de la démocratie-socialiste, à tout son comité directeur, aux Bebel, aux Liebknecht et à tant d'autres, qui crient, au milieu des clameurs de la gent officielle et de toute la bourgeoisie de l'Allemagne, enragée de patriotisme, le courage de proclamer hautement les droits sacrés de la France. Ils ont rempli noblement, héroïquement leur devoir, car il leur a fallu vraiment un courage héroïque pour oser parler un langage humain au milieu de toute cette animalik bourgeoise vigilante.

Les ouvriers de l'Allemagne sont naturellement les ennemis passionnés de l'alliance et de la politique russe. Les révolutionnaires russes ne doivent pas s'étonner, ni même trop s'affliger, s'il arrive quelquefois aux travailleurs allemands d'envelopper le peuple russe lui-même dans la haine si profonde et si légitime que leur inspirent l'existence et tous les actes politiques de l'empire de toutes les Russies, comme les ouvriers allemands, à leur tour, ne devront plus s'étonner, ni trop s'offenser, désormais, s'il arrive quelquefois au prolétariat de la France de ne point établir une distinction convenable entre l'Allemagne officielle, bureaucratique, militaire, nobiliaire, bourgeoise et l'Allemagne populaire. Pour ne pas trop s'en plaindre, pour être justes, les ouvriers allemands doivent juger par eux-mêmes. Ne confondent-ils pas souvent, trop souvent, suivant en cela l'exemple et les recommandations de beaucoup de leurs chefs, l'empire russe et le peuple russe dans un même sentiment de mépris et de haine, sans se douter seulement que ce peuple est la première victime et l'ennemi irréconciliable et toujours révolté de cet empire, comme j'ai eu souvent l'occasion de le prouver dans mes discours et dans mes brochures, et comme je l'établirai de nouveau dans le courant de cet écrit. Mais les ouvriers allemands pourront objecter qu'ils ne tiennent pas compte des paroles, que leur jugement est basé sur des faits, et que tous les faits russes qui se sont manifestés au dehors, ont été des faits anti-humains, cruels, barbares, despotiques. A cela les révolutionnaires russes n'auront rien à répondre. Ils devront reconnaître que jusqu'à un certain point, les ouvriers allemands ont raison; chaque peuple étant plus ou moins solidaire et responsable des actes commis par son État, en son nom et par son bras, jusqu'à ce qu'il ait renversé et détruit cet état. Mais si cela est vrai pour la Russie, cela doit être également vrai pour l'Allemagne.

Certes l'empire russe représente et réalise un système barbare, anti-humain, odieux, détestable, infâme. Donnez-lui tous les adjectifs que vous voudrez, ce n'est pas moi qui m'en plaindrai. Partisan du peuple russe et non patriote de l'État ou de l'empire de toute les Russies, je défie qui que ce soit de haïr ce dernier plus que moi. Seulement, comme il faut être juste avant tout, je prie les partisans allemands de vouloir bien observer et reconnaître, qu'à part quelques hypocrisies de forme, leur royaume de Prusse et leur vieil empire d'Autriche d'avant 1866, n'ont pas été beaucoup plus libéraux, ni beaucoup plus humains que l'empire de toutes les Russies, et que l'empire prusso-germanique ou knouto-germanique, que le patriotisme allemand élève aujourd'hui sur les ruines et dans le sang de la France, promet même de le surpasser en horreurs. Voyons, l'empire russe, tout détestable qu'il est, a-t-il jamais fait à l'Allemagne, à l'Europe la centième partie du mal que l'Allemagne fait aujourd'hui à la France et qu'elle menace de faire à l'Europe tout entière? Certes si quelqu'un a le droit de détester l'empire de Russie et les Russes, ce sont les Polonais. Certes si les Russes se sont jamais déshonorés et s'ils ont commis des horreurs, en exécutant les ordres sanguinaires de leurs Tzars, c'est en Pologne. Eh bien, j'en appelle aux Polonais eux-mêmes : les armées, les soldats et les officiers russes, pris en masse, ont-ils jamais accompli la dixième partie des actes exécrables que les armées, les soldats et les officiers de l'Allemagne, pris en masse, accomplissent aujourd'hui en France? Les Polonais, ai-je dit, ont le droit de détester la Russie. Mais les Allemands, non, à moins qu'ils ne se détestent eux-mêmes en même temps.

Voyons, quel mal leur a-t-il jamais été fait par l'empire russe? Est-ce qu'un empereur russe quelconque a jamais rêvé la conquête de l'Allemagne? Lui a-t-il jamais arraché une province? Des troupes russes sont-elles venues en Allemagne pour anéantir sa république — qui n'a jamais existé, — et pour rétablir sur le trône ses despotes, — qui n'ont jamais cessé de régner?

Deux fois seulement, depuis que des rapports internationaux existent entre la Russie et l'Allemagne, des empereurs russes ont fait un mal politique à cette dernière. La première fois, ce fut Pierre III qui, à peine monté sur le trône, en 1761, sauva Frédéric-le-Grand et le royaume de Prusse avec lui d'une ruine imminente, en ordonnant à l'armée russe, qui avait combattu jusque-là avec les Autrichiens contre lui, de se joindre à lui contre les Autrichiens. Une autre fois, ce fut l'empereur Alexandre Iᵉʳ qui, en 1807, sauva la Prusse d'un complet anéantissement.

Voilà, sans contredit, deux très-mauvais services que la Russie a rendus à l'Allemagne, et si c'est de cela que se plaignent les Allemands, je dois reconnaître qu'ils ont mille fois raison, car en sauvant deux fois la Prusse, la Russie a incontestablement, sinon forgé toute seule, au moins contribué à forger les chaînes de l'Allemagne. Autrement, je ne saurais comprendre vraiment de quoi ces bons patriotes allemands peuvent se plaindre?

En 1813, les Russes sont venus en Allemagne comme des libérateurs et n'ont pas peu contribué, quoi qu'en disent messieurs les Allemands, à la délivrer du joug de Napoléon. Ou bien gardent-ils rancune à ce même empereur Alexandre, parce qu'il a empêché, en 1814, le feld-maréchal prussien Blücher de livrer Paris au pillage, comme il en avait exprimé le désir, ce qui prouve que les Prussiens ont toujours eu les mêmes instincts et qu'ils n'ont pas changé de nature. En veulent-ils à l'empereur Alexandre pour avoir presque forcé Louis VIII de donner une constitution à la France, contrairement aux vœux exprimés par le roi de Prusse et par l'empereur d'Autriche, et d'avoir étonné l'Europe et la France, en se montrant, lui, empereur de Russie, plus humain et plus libéral que les deux grands potentats de l'Allemagne?

Peut-être les Allemands ne peuvent-ils pardonner à la Russie l'odieux partage de la Pologne? Hélas! ils n'en ont pas le droit, car ils ont pris leur bonne part du gâteau. Certes, ce partage fut un crime. Mais parmi les brigands qui l'accomplirent, il y en est un Russe et deux Allemands : l'impératrice Marie-Thérèse d'Autriche et le grand roi Frédéric II de Prusse. Je pourrais même dire que tous les trois furent Allemands. Car l'impératrice Catherine II, de bonne mémoire, n'était autre chose qu'une princesse allemande pur sang. Frédéric II, on le sait, avait bon appétit. N'avait-il pas proposé à sa bonne commère de Russie de partager également la Suède, où régnait son neveu. L'initiative du partage de la Pologne lui appartint de plein droit. Le royaume de Prusse y a gagné d'ailleurs beaucoup plus que les deux autres coopartageants, car il ne s'est constitué comme une véritable puissance que par la conquête de la Silésie et par ce partage de la Pologne.

Enfin, les Allemands en veulent-ils à l'empire de Russie pour la compression violente, barbare, sanguinaire de deux révolutions polonaises, en 1830 et en 1863? Mais de rechef ils n'en ont aucun droit; car en 1830, comme en 1863, la Prusse a été le complice le plus intime du cabinet de St-Pétersbourg et le pourvoyeur complaisant et fidèle de ses bourreaux. Le comte de Bismarck, le chancelier et le fondateur du futur empire knouto-germanique, ne s'était-il pas fait un devoir et un plaisir de livrer aux Mourawieff et aux Bergh toutes les têtes polonaises qui tombaient sous sa main? et les mêmes lieutenants prussiens qui étalent maintenant leur humanité et leur libéralisme pangermanique en France, n'ont-ils pas organisé, en 1863, en 1864 et en 1865, dans la Prusse polonaise et dans le grand-duché de Posen, comme de véritables gendarmes, dont ils ont d'ailleurs toute la nature et les goûts, une chasse en règle contre les malheureux insurgés Polonais qui fuyaient les Cosaques, pour les livrer enchaînés au gouvernement russe? Lorsqu'en 1863, la France, l'Angleterre et l'Autriche avaient envoyé leurs protestations en faveur de la Pologne au prince Gortschakoff, seule la Prusse ne voulut point protester. Il lui était impossible de protester pour cette simple raison que, depuis 1860, tous les efforts de sa diplomatie tendaient à dissuader l'empereur Alexandre II de faire la moindre concession aux Polonais (1).

On voit que sous tous ces rapports, les patriotes allemands n'ont pas le droit d'adresser des reproches à l'empire russe. S'il chante faux, et certes sa voix est odieuse, la Prusse qui constitue aujourd'hui la tête, le cœur et le bras de la grande Germanie unifiée, ne lui a jamais refusé son accompagnement volontaire. Reste donc un seul grief, la scission :

« La Russie, disent les Allemands, a exercé depuis 1815 jusqu'à ce jour, une influence désastreuse sur la politique tant extérieure qu'intérieure de l'Allemagne. Si l'Allemagne est restée si longtemps divisée, si elle reste esclave, c'est à cette influence fatale qu'elle le doit. »

J'avoue que ce reproche m'a toujours paru excessivement ridicule, inspiré par la mauvaise foi et indigne d'un grand peuple; la dignité de chaque nation, comme de chaque individu, devrait consister, selon moi, principalement en ceci, que chacun accepte toute la responsabilité de ses actes, sans chercher misérablement à en rejeter la faute sur les autres.

----

(1) Lorsque l'ambassadeur de la Grande-Bretagne à Berlin, lord Bloompichi, si je ne me trompe du nom, proposa à M. de Bismarck de signer au nom de la Prusse la fameuse protestation des cours de l'Occident, M. de Bismarck s'y refusa, en disant à l'ambassadeur anglais : « Comment voulez-vous que nous protestons, quand depuis trois ans nous ne faisons que répéter à la Russie une seule chose, c'est de ne faire aucune concession à la Pologne. »

N'est-ce pas une chose très-noble que les jérémiades d'un grand garçon qui viendrait se plaindre en pleurnichant qu'un autre l'ait dépravé, l'ait entraîné au mal ? Eh bien, ce qui n'est pas permis à un gamin, à plus forte raison doit-il être défendu à une nation, défendu par le respect même qu'elle doit avoir pour elle-même. (1).

----

(1) J'avoue que j'ai été profondément étonné, en retrouvant ce même grief dans une lettre adressée, l'an passé, par M. Charles Marx, le célèbre chef des communistes allemands, aux rédacteurs d'une petite feuille russe qui se publiait en langue russe à Genève. Il prétend que si l'Allemagne n'est pas encore démocratiquement organisée, la faute en est seulement à la Russie. Il méconnaît singulièrement l'histoire de son propre pays, et avance une chose dont l'impossibilité, en laissant même de côté les faits historiques, se laisse facilement démontrer par l'expérience de tous les temps et de tous les pays. A-t-on jamais vu une nation inférieure en civilisation imposer ou inoculer ses propres principes à un pays beaucoup plus civilisé, à moins que ce ne soit par la voie de la conquête ? Mais l'Allemagne, que je sache, n'a jamais été conquise par la Russie. Il est donc parfaitement impossible qu'elle ait pu adopter un principe russe quelconque ; mais il est plus que probable, il est certain, que, vu son voisinage immédiat et à cause de la prépondérance incontestable de son développement politique, administratif, juridique, industriel, commercial, scientifique et social, l'Allemagne au contraire a fait passer beaucoup de ses propres idées en Russie, ce dont les Allemands conviennent généralement eux-mêmes, lorsqu'ils disent, non sans orgueil, que la Russie doit à l'Allemagne le peu de civilisation qu'elle possède. Fort heureusement pour eux, pour l'avenir de la Russie, cette civilisation n'a pas pénétré, au-delà de la Russie officielle, dans le peuple, mais, en effet, c'est aux Allemands que nous devons notre éducation politique, administrative, policière, militaire et démocratique et tout l'achèvement de notre empire impérial, voire même notre auguste dynastie.

Que le voisinage d'un grand Emir Mongolo-Byzantin-Germanique ait été plus agréable aux despotes de l'Allemagne qu'à ses peuples, plus favorable au développement de sa servitude indigène, tout à fait nationale germanique, qu'à celui des idées libérales et démocratiques importées de la France, qui peut en douter ? L'Allemagne se serait développée beaucoup plus vite dans le sens de la liberté et de l'égalité, si, au lieu de l'empire russe, elle avait eu pour voisins les Etats-Unis de l'Amérique du Nord, par exemple. Elle avait eu, d'ailleurs, un voisin qui la séparait de l'empire moscovite.

A la fin de cet écrit, en jetant un coup d'œil sur la question germano-slave, je prouverai par des faits historiques irrécusables que l'action diplomatique de la Russie sur l'Allemagne, et il n'y en a jamais eu d'autre, tant sous le rapport de son développement intérieur que sous celui de son extension extérieure, a été nulle ou presque nulle jusqu'en 1866,

---

C'était la Pologne, non démocratique, il est vrai, nobiliaire, fondée sur le servage des paysans comme l'Allemagne féodale, mais beaucoup moins aristocratique, plus libérale, plus savante à toutes les influences humaines que cette dernière. Eh bien! l'Allemagne, impatiente de ce voisinage turbulent, si contraire à ses habitudes d'ordre, de servilité pieuse et de loyale soumission, en dévora une bonne moitié, laissant l'autre moitié au Tzar Moscovite, cet empire de toutes les Russies, dont elle est devenue par là même la voisine immédiate. Et maintenant, elle se plaint de ce voisinage, c'est ridicule.

La Russie également aurait gagné beaucoup, si, au lieu de l'Allemagne, elle avait pour voisine, à l'Occident, la France; et au lieu de la Chine, à l'Orient, l'Amérique du Nord. Mais les Socialistes Révolutionnaires, ou, comme on commence à les appeler en Allemagne, les anarchistes russes, sont trop jaloux de la dignité de leur peuple pour rejeter toute la force de son esclavage sur les Allemands ou sur les Chinois. Et pourtant, avec bien plus de raison, ils auraient eu le droit historique de la rejeter aussi bien sur les uns que sur les autres. Car enfin, il est certain que les hordes mongoles, qui ont conquis la Russie, sont venus de la frontière de la Chine. Il est certain que, pendant plus de deux siècles, ils l'ont tenue asservie sous leur joug. Deux siècles de joug barbare, quelle éducation! Fort heureusement, cette éducation ne pénétra jamais dans la presse russe, proprement dite, ni dans la masse des paysans qui continuèrent de vivre sous leur loi coutumière, communale, ignorant et détestant, toute autre politique et jurisprudence, comme ils le font encore à présent. Mais elle déprave complétement la noblesse et en grande partie aussi le clergé russe, et ces deux classes privilégiées, également brutales, également serviles, peuvent être considérées comme les vraies fondations de l'empire moscovite. Il est certain que cet empire fut principalement fondé sur l'asservissement des peuples, et que le peuple russe, qui n'a point reçu en partage cette vente de résignation dont paraît être doué à un si haut degré le peuple allemand, n'a jamais cessé de détester cet empire, ni de se révolter contre lui. Il a été et il reste encore aujourd'hui le seul vrai socialiste-révolutionnaire en Russie. Ses révoltes ou plutôt ses révolutions (en beaucoup plus nulle, dans tous les cas, que ces bons patriotes allemands et que la diplomatie russe elle-même ne se le sont imaginés; et je prouverai, qu'à partir de 1866, le Cabinet de St-Pétersbourg, reconnaissant du concours moral sinon de l'aide matériel que celui de Berlin lui a apporté, pendant la guerre de Crimée, et plus inféodé à la politique

---

1612, en 1667, en 1771) ont souvent menacé l'existence même de l'empire moscovite, et j'ai la ferme conviction que, sans trop tarder, une nouvelle révolution socialiste populaire, cette fois triomphante, le renversera tout à fait. Il est certain que si les Tzars de Moscou, devenus plus tard les empereurs de St-Pétersbourg, ont triomphé jusqu'ici de cette opiniâtre et violente résistance populaire, ce n'est que, grâce à la science politique, administrative, bureaucratique et militaire que nous ont apportée les Allemands qui, en nous dotant de tant de belles choses, n'ont pas oublié d'apporter, n'ont pas pu ne pas apporter avec eux leur culte non plus oriental, mais protestant-germanique du souverain, représentant personnel de la raison d'État, la philosophie de la servilité nobiliaire, bourgeoise, militaire et bureaucratique érigée en système; ce qui fut un grand malheur, selon moi. Car l'esclavage oriental, barbare, rapace, grillard de notre noblesse et de notre clergé, était le produit très-brutal, mais tout à fait naturel de circonstances historiques malheureuses d'un profond égarement et d'une situation économique et politique encore plus malheureuse. Cet esclavage était un fait naturel, non un système, et comme tel il pouvait et il devait se modifier sous l'influence bienfaisante des idées libérales, démocratiques, socialistes et humanitaires de l'Occident. Il s'est modifié, en effet, de sorte que, pour ne faire mention que des faits les plus caractéristiques, nous avons vu, de 1818 à 1825, plusieurs centaines de nobles, la fleur de notre noblesse, appartenant à la classe la plus élevée et la plus riche en Russie, former une conspiration très-sérieuse et très-menaçante contre le despotisme impérial, avec le but de fonder sur ses ruines une Constitution monarchique-libérale, selon le désir des uns, ou une république fédérative et démocratique, selon celui du grand nombre, ayant pour base, l'une et l'autre, l'émancipation complète des paysans avec la propriété de la terre. Depuis il n'y a pas eu une seule conspiration en Russie à laquelle des jeunes nobles, souvent fort riches, n'aient participé. D'un autre côté, tout le monde sait que ce sont précisément les fils de nos prêtres, les étudiants de nos académies et de nos séminaires, qui constituent la phalange sacrée du parti socialiste-révolutionnaire en Russie. Oui, messieurs les patriotes allemands, en présence de ces faits incontestables et que toute leur

prussienne que jamais, a puissamment contribué par son attitude menaçante contre l'Autriche et la France, à la complète réussite des projets gigantesques du comte de Bismark et par conséquent aussi à l'édification définitive du grand empire prusso-germanique, dont l'établissement prochain va enfin couronner tous les vœux des patriotes allemands.

Comme le docteur Faust, ces excellents patriotes ont

---

mauvaise foi proverbiale ne parviendra pas à détruire, veuillent bien me dire s'il y a jamais eu en Allemagne beaucoup de nobles ou d'étudiants en théologie qui aient conspiré contre l'Etat pour l'émancipation du peuple? Et pourtant ce ne sont pas les villes ni les théologiens qui lui manquent. D'où vient donc cette pauvreté, pour ne pas dire cette absence des sentiments libéraux et démocratiques dans la noblesse, dans le clergé, et je dirai aussi, pour être sincère jusqu'au bout, dans la bourgeoisie de l'Allemagne? C'est que dans toutes ces classes respectables, représentants de la civilisation allemande, le servilisme n'est pas seulement un fait naturel produit de causes naturelles, il est devenu un système, une science, une sorte de culte religieux; et à cause de cela même, il constitue une maladie incurable. Pouvez-vous vous imaginer un bureaucrate allemand, ou bien un officier de l'armée allemande, conspirant et se révoltant pour la liberté, pour l'émancipation des peuples? Non, sans doute. Nous avons bien vu dernièrement des officiers et des hauts fonctionnaires du Hanovre conspirer contre M. de Bismark, mais dans quel but? Dans celui de rétablir sur son trône un roi despote, un roi légitime. Eh bien, la bureaucratie russe et le corps des officiers russes comptent dans leurs rangs beaucoup de conspirateurs pour le peuple. Voilà la différence; elle est toute en faveur de la Russie. — Il est donc naturel que, lors même que l'action asservissante de la civilisation allemande n'a pu parvenir à corrompre complètement même les corps privilégiés et officiels de la Russie, elle ait dû exercer constamment sur ses classes une influence malfaisante. Et je le répète, il est fort heureux pour le peuple russe qu'il ait été épargné par cette civilisation, de même qu'il a été épargné par la civilisation des Mongols.

A l'encontre de tous ces faits, les bourgeois patriotes de l'Allemagne pourront-ils en citer un seul qui constate l'influence pernicieuse de la civilisation Mongolo-Byzantine de la Russie officielle sur l'Allemagne. Il leur serait complètement impossible de le faire, puisque les Russes ne sont jamais venus en Allemagne ni comme conquérants, ni comme professeurs, ni comme administrateurs, poursuivi deux buts, deux tendances opposées : l'une vers une puissante unité nationale, l'autre vers la liberté. Ayant voulu concilier deux choses inconciliables, ils ont longtemps paralysé l'une par l'autre, jusqu'à-ce qu'enfin, avertis par l'expérience, ils se soient décidés à sacrifier l'une pour conquérir l'autre. Et c'est ainsi que sur les ruines, non de leur liberté — ils n'ont jamais été libres — mais de leurs rêves libéraux, ils sont en train de bâtir maintenant leur grand empire prusso-germanique. Ils constitueront désormais, de leur propre aveu, *librement*, une puissante nation, un formidable Etat et un peuple esclave.

---

d'où il résulte, que si l'Allemagne a réellement emprunté quelque chose à la Russie officielle, ce que je nie formellement, ce ne pouvait être que par penchant et par goût.

Ce serait vraiment un acte beaucoup plus digne d'un excellent patriote allemand et d'un démocrate socialiste sincère, comme l'est indubitablement M. Charles Marx, et surtout bien plus profitable pour l'Allemagne populaire, si, au lieu de chercher à consoler la vanité nationale, en attribuant faussement les fautes, les crimes et la honte de l'Allemagne à une influence étrangère, s'il voulait bien employer son érudition immense, pour prouver, conformément à la justice et à la vérité historique, que l'Allemagne a produit, porté et historiquement développé en elle-même, tous les éléments de son esclavage actuel. Je lui aurais volontiers abandonné le soin d'accomplir un travail si utile, nécessaire surtout au point de vue de l'émancipation de son peuple allemand, et qui, sorti de son cerveau et de sa plume, appuyé sur cette érudition étonnante, devant laquelle je me suis déjà incliné, serait naturellement infiniment plus complet. Mais comme je n'espère pas, qu'il trouve jamais convenable et nécessaire de dire toute la vérité sur ce point, je m'en charge, et je m'efforcerai de prouver, dans le courant de cet écrit, que l'esclavage, les crimes et la honte actuelle de l'Allemagne sont les produits tout à fait indigènes de quatre grandes causes historiques : la féodalité nobiliaire dont l'esprit, loin d'avoir été vaincue comme en France, s'est incorporé dans la constitution actuelle de l'Allemagne ; l'absolutisme du souverain sanctionné par le protestantisme et transformé par lui en un objet de culte ; la servilité persévérante et chronique de la bourgeoisie de l'Allemagne, et la patience à toute épreuve de son peuple. La cinquième cause enfin, qui tient d'ailleurs de très près aux quatre premières, c'est la naissance et la rapide formation de la puissance toute mécanique et toute anti-nationale de l'Etat de Prusse.

Pendant cinquante années de suite, depuis 1815 jusqu'en 1866, la bourgeoisie allemande avait vécu dans une singulière illusion par rapport à elle-même : elle s'était crue libérale, elle ne l'était pas du tout. Depuis l'époque où elle reçut le baptême de Melanchton et de Luther, qui l'inféodèrent *religieusement* au pouvoir absolu de ses princes, elle perdit définitivement tous ses derniers instincts de liberté. La résignation et l'obéissance, quand même, devinrent plus que jamais son habitude et l'expression réfléchie de ses plus intimes convictions; le résultat de son culte superstitieux pour la haute-puissance de l'Etat. Le sentiment de la révolte cet orgueil satanique qui repousse la domination de quelque maître que ce soit, divin ou humain, et qui seul crée dans l'homme l'amour de l'indépendance et de la liberté, non-seulement lui est inconnu, il lui répugne, la scandalise et l'effraie. La bourgeoisie allemande ne saurait vivre sans maître; elle éprouve trop le besoin de respecter, d'adorer, de se soumettre à un maître quelconque. Si ce n'est pas un roi, un empereur, eh bien! ce sera un monarque collectif, l'Etat et tous les fonctionnaires de l'Etat, comme c'était le cas jusqu'ici à Francfort, à Hambourg, à Brême et Lubeck, appelées villes républicaines et libres, et qui passeront sous la domination du nouvel empereur d'Allemagne, sans s'apercevoir même qu'ils ont perdu leur liberté.

Ce qui mécontente le bourgeois allemand, ce n'est donc pas de devoir obéir à un maître, car c'est là son habitude, mais c'est l'insignifiance, la faiblesse, sa seconde nature, sa religion, sa passion, l'impuissance relative devant celui à qui il doit et il veut obéir. Le bourgeois allemand possède au plus haut degré cet orgueil de tous les valets qui réfléchissent en eux-mêmes l'importance, la richesse, la grandeur, la puissance de leur maître. C'est ainsi que s'explique le culte rétrospectif de la figure historique et presque mythique de l'empereur d'Allemagne, culte né, en 1815, simultanément avec le pseudo-libéralisme allemand, dont il a été toujours depuis l'accompagnement obligé et qu'il a dû nécessairement étouffer et détruire, tôt ou tard, comme il vient de le faire de nos jours. Prenez toutes les chansons patriotiques des

Allemands, composées depuis 1815, je ne parle pas des chansons des ouvriers socialistes qui ouvrent une ère nouvelle, prophétisent un monde nouveau, celui de l'émancipation universelle. Non, prenez les chansons des petits bourgeois, à commencer par l'hymne pangermanique d'Arndt. Cruel est le sentiment qui y domine! Est-ce l'œuvre de la liberté? Non, c'est celle de la grandeur et de la puissance nationale : « Où est la patrie allemande? » demande-t-il. — Réponse : « Aussi loin que la langue allemande retentit. » La liberté n'inspire que très-médiocrement ces chansons du patriotisme allemand. On dirait qu'il n'en font mention que par décence. Leur enthousiasme sérieux et sincère appartient à la seule unité. Et aujourd'hui même, de quels arguments se servent-ils pour prouver aux habitants de l'Alsace et de la Lorraine, qui ont été baptisés français par la Révolution et qui dans ce moment de crise si terrible pour eux se sentant plus passionnément français que jamais, qu'ils sont allemands et qu'ils doivent redevenir des Allemands? Leurs promettent-ils la liberté, l'émancipation du travail, une grande prospérité matérielle, un noble et large développement humain? Non, rien de tout cela. Ces arguments les touchent si peu eux-mêmes, qu'ils ne comprennent pas qu'ils puissent toucher les autres. D'ailleurs ils n'oseraient pas pousser si loin le mensonge, dans un temps de publicité où le mensonge devient si difficile, sinon impossible. Ils savent, et tout le monde sait, qu'aucune de ces belles choses n'existe en Allemagne, et que l'Allemagne ne peut devenir un grand empire knouto-germanique qu'en y renonçant pour longtemps, même dans ses rêves, la réalité est devenue trop saisissante aujourd'hui, trop brutale, pour qu'il y ait place et loisir pour des rêves.

A défaut de toutes ces grandes choses à la foi réelles et humaines, les publicistes, les savants, les patriotes et les poètes de la bourgeoisie allemande leurs parlent de quoi? de la grandeur passée de l'empire d'Allemagne, des Hohenstaufer et de l'empereur Barberousse. Sont-ils fous? Sont-ils idiots? Non, ils sont des bourgeois allemands, des patriotes allemands; mais pourquoi diable ces bons bourgeois, ces excellents patriotes de l'Allemagne adorent-ils tout ce grand passé catholique, impérial et féodal de l'Allemagne ? Retrouvent-ils, comme les villes d'Italie, dans le XIIe, dans le XIIIe, dans le XIVe et dans le XVe siècle, des souvenirs de puissance, de liberté d'intelligence et de gloire bourgeoises ? La bourgeoisie, ou si nous voulons étendre ce mot, en nous conformant à l'esprit de ces temps reculés, la nation, le peuple allemand fut-il alors moins brutalisé, moins opprimé par ses princes despotes et par sa noblesse arrogante ? Non, sans doute, ce fut pis qu'aujourd'hui. Mais alors que vont-ils donc chercher dans les siècles passés, ces savants bourgeois de l'Allemagne ? La puissance du maître. C'est l'ambition des valets.

En présence de ce qui se passe aujourd'hui, le doute n'est plus possible. La bourgeoisie allemande n'a jamais ainsi compris, ni voulu la liberté. Elle vit dans sa servitude, tranquille et heureuse comme un rat dans un fromage, mais elle veut que le fromage soit grand. Depuis 1815 jusqu'à nos jours, elle n'a désiré qu'une seule chose ; mais cette chose elle l'a voulue avec une passion persévérante, énergique et digne d'un plus noble objet. Elle a voulu se sentir sous la main d'un maître puissant, fut-il un despote féroce et brutal, pourvu qu'il puisse lui donner, en compensation de son esclavage nécessaire, ce qu'elle appelle sa grandeur nationale, pourvu qu'il fasse trembler tous les peuples, y compris le peuple allemand au nom de la civilisation allemande.

On m'objectera que la bourgeoisie de tous les pays montre aujourd'hui les mêmes tendances, que partout elle accourt effarée s'abriter sous la protection de la dictature militaire, son dernier refuge contre les envahissements de plus en plus menaçants du prolétariat. Partant elle renonce à sa liberté, au nom du salut de sa bourse, et pour garder ses priviléges, partant elle renonce à son droit. Le libéralisme bourgeois, dans tous les pays, est devenu un mensonge, n'existant plus à peine que de nom.

Oui, c'est vrai. Mais au moins dans le passé, le libéralisme des bourgeois italiens, suisses, hollandais, belges, anglais et français a réellement existé, tandis que celui de la bourgeoisie allemande n'a jamais existé. Vous n'en trouvez aucune trace ni avant, ni après la Réformation.

Histoire du libéralisme allemand.

La guerre civile, si funeste à la puissance des États, est, au contraire et à cause de cela même, toujours favorable au réveil de l'initiative populaire et au développement intellectuel, moral et même matériel des peuples. La raison en est très-simple; elle trouble, elle ébranle dans les masses cette disposition moutonnière, si chère à tous les gouvernements, et qui convertit les peuples en autant de troupeaux qu'on paît et qu'on tond à merci. Elle rompt la monotonie abrutissante de leur existence journalière, machinale, dénuée de pensée et, en les forçant à réfléchir sur les prétentions respectives des princes ou des partis qui se disputent le droit de les opprimer et de les exploiter, les amène le plus souvent à la conscience sinon réfléchie au moins instinctive de cette profonde vérité, que les droits des uns sont aussi nuls que ceux des autres et que leurs intentions sont également mauvaises. En outre, du moment que la pensée, ordinairement endormie, des masses se réveille sur un point, elle s'étend nécessairement sur tous les autres. L'intelligence du peuple s'émeut, rompt son immobilité séculaire; sortant des limites d'une foi machinale, brisant le joug des représentations et des notions traditionnelles et pétrifiées qui lui avaient tenu lieu de toute pensée, elle soumet à une critique sévère, passionnée, dirigée par son bon sens et par son honnête conscience, qui valent souvent mieux que la science, toutes ses idoles d'hier. C'est ainsi que se réveille l'esprit du peuple. Avec l'esprit naît en lui l'instinct sacré, l'instinct essentiellement humain de la révolte, source de toute émancipation, et se développent simultanément sa morale et sa prospérité matérielle, filles jumelles de la liberté. Cette liberté, si bienfaisante pour le peuple, trouve un appui, une garantie et un encouragement dans la guerre civile elle-même qui, en divisant ses oppresseurs, ses exploiteurs, ses tuteurs ou ses maîtres, diminue nécessairement la puissance malfaisante des uns et des autres. Quand les maîtres s'entredéchirent, le pauvre peuple, délivré, au moins en partie, de la monotonie de l'ordre public, ou plutôt de l'anarchie et de l'iniquité pétrifiées qui lui sont imposées, sous ce nom d'ordre public, par leur autorité détestable, peut respirer un peu plus à son aise. D'ailleurs les parties adverses, affaiblies par la division et la lutte, ont besoin de la sympathie des masses pour triompher l'une de l'autre. Le peuple devient une maîtresse adorée, recherchée, courtisée. On lui fait toutes sortes de promesses, et lorsque le peuple est assez intelligent pour ne point se contenter de promesses, on lui fait des concessions réelles, politiques et matérielles. S'il ne s'émancipe pas alors, la faute en est à lui seul.

Le procédé que je viens de décrire est précisément celui par lequel les communes de tous les pays de l'Occident de l'Europe se sont émancipées, plus ou moins, au moyen-âge. Par la manière dont elles se sont émancipées et surtout par les conséquences politiques, intellectuelles et sociales qu'elles ont su tirer de leur émancipation, on peut juger de leur esprit, de leurs tendances naturelles et de leurs tempéraments nationaux respectifs.

Ainsi, vers la fin du XIe siècle déjà, nous voyons l'Italie en plein développement de ses libertés municipales, de son commerce et de ses arts naissants. Les villes d'Italie savent profiter de la lutte des empereurs et des papes qui commence, pour conquérir leur indépendance. Dans ce même siècle, la France et l'Angleterre se trouvent déjà en pleine philosophie scolastique, et comme conséquence de ce premier réveil de la pensée dans la foi et de cette première révolte implicite de la raison contre la foi, nous voyons dans le midi de la France, la naissance de l'hérésie vaudoise. En Allemagne, rien. Elle travaille, elle prie, elle chante, bâtit ses temples, sublime expression de sa foi robuste et naïve, et obéit sans murmures à ses prêtres, à ses nobles, à ses princes et à son empereur qui la brutalisent et la pillent sans pitié ni vergogne.

Au XIIe siècle se forme la grande Ligue des villes indépendantes et libres de l'Italie, contre l'Empereur et contre le Pape. Avec la liberté politique commence naturellement la révolte de l'intelligence. Nous voyons le grand Arnaud de Brescia brûlé à Rome pour hérésie en 1155. En France, on brûle Pierre de Bruys et l'on persécute Abeilard ; et ce qui est plus, l'hérésie vraiment populaire et révolutionnaire des Albigeois se soulève contre la domination du Pape, des prêtres et des seigneurs féodaux. Persécutés, ils se répandent dans les Flandres, en Bohême, jusqu'en Bulgarie, mais pas en Allemagne. En Angleterre, le roi Henri Ier Beauclerc est forcé de signer une charte, base de toutes les libertés ultérieures. Au milieu de ce mouvement, seule la fidèle Allemagne reste immobile et intacte. Pas une pensée, pas un acte qui dénote le réveil d'une volonté indépendante ou d'une aspiration quelconque dans le peuple. Seulement deux faits importants : la création de deux ordres chevaleresques nouveaux, celui des Croisés teutoniques et celui des Porteglaives livoniens, chargés tous les deux de préparer la grandeur et la puissance du futur empire knouto-germanique, par la propagande armée du catholicisme et du germanisme dans le Nord et dans le Nord-Est de l'Europe. On connaît la méthode uniforme et constante dont firent usage ces aimables propagateurs de l'Evangile du Christ, pour convertir et pour germaniser les populations slaves, barbares et payennes. C'est d'ailleurs la même méthode que leurs dignes successeurs emploient aujourd'hui pour *moraliser*, pour *civiliser*, pour *germaniser* la France ; ces trois verbes différents ayant dans la bouche et dans la pensée des patriotes allemands le même sens. C'est le massacre en détail et en masse, l'incendie, le pillage, le viol, la destruction d'une portion de la population et l'asservissement du reste. Dans les pays conquis, autour des camps retranchés de ces civilisateurs armés, se formaient ensuite les villes allemandes. Au milieu d'eux venait s'établir le saint évêque, le bénisseur quand même de tous les attentats commis ou entrepris par ces nobles brigands ; avec lui venait une troupe de prêtres et on baptisait de force les pauvres payens qui avaient survécu au massacre, puis on obligeait ces esclaves de bâtir des églises. Attirés par tant de sainteté et de gloire, arrivaient ensuite ces bons bourgeois allemands, humbles, serviles, lâchement respectueux vis-à-vis de l'arrogance nobiliaire, à genoux devant toutes les autorités établies, politiques et religieuses, aplatis, en un mot, devant tout ce qui représentait une puissance quelconque, mais excessivement durs et pleins de mépris et de haine pour les populations indigènes vaincues ; d'ailleurs unissant à ces qualités utiles, sinon très brillantes, une force, une intelligence et une persévérance de travail tout à fait respectables, et je ne sais quelle puissance végétative de croissance et d'expansion envahissante qui rendaient ces parasites laborieux très dangereux pour l'indépendance et pour l'intégrité du caractère national, même dans les pays où ils étaient venus s'établir non par le droit de conquête, mais par grâce, comme en Pologne, par exemple. C'est ainsi que la Prusse orientale et occidentale et une partie du grand duché de Posen, se sont trouvées germanisées un beau jour. — Le second fait allemand qui s'accomplit dans ce siècle, c'est la renaissance du droit romain, provoquée, non sans doute par l'initiative nationale, mais par la volonté spéciale des empereurs qui, en protégeant et en propageant l'étude des Pandectes retrouvés de Justinien, préparèrent les bases de l'absolutisme moderne.

Au XIIIe siècle, la bourgeoisie allemande semble se réveiller enfin. La guerre des Guelfes et des Gibelins, après avoir duré près d'un siècle, réussit à interrompre ses chants et ses rêves et à la tirer de sa pieuse léthargie. Elle commence vraiment par un coup de maître. Suivant sans doute l'exemple que leur avaient donné les villes d'Italie, dont les rapports commerciaux s'étaient étendus sur toute l'Allemagne, plus de soixante villes allemandes forment une ligue commerciale et nécessairement politique, formidable, la fameuse Hanse.

Si la bourgeoisie allemande avait eu l'instinct de la liberté, même partielle et restreinte, la seule qui fût possible dans ces temps reculés, elle aurait pu conquérir son indépendance et établir sa puissance politique déjà au XIIIe siècle, comme l'avait fait bien avant, la bourgeoisie d'Italie. La situation politique des villes allemandes, à cette époque, ressemblait d'ailleurs beaucoup à celle des villes italiennes, auxquelles elles étaient liées doublement et par les prétentions du Saint-Empire et par les rapports plus réels du commerce.

Comme les cités républicaines d'Italie, les villes allemandes ne pouvaient compter que sur elles-mêmes. Elles ne pouvaient pas, comme les communes de France, s'appuyer sur la puissance croissante de la centralisation monarchique, le pouvoir des empereurs, qui résidait beaucoup plus dans leurs capacités et dans leur influence personnelles que dans les institutions politiques et qui par conséquent variait avec le changement des personnes, n'ayant jamais pu se consolider, ni prendre corps en Allemagne. D'ailleurs toujours occupés des affaires d'Italie et de leur lutte interminable contre les papes, ils passaient les trois quarts de leur temps hors de l'Allemagne. Par cette double raison, la puissance des empereurs, toujours précaire et toujours disputée, ne pouvait offrir, comme celle des rois de France, un appui suffisant et sérieux à l'émancipation des communes.

Les villes de l'Allemagne ne pouvaient pas non plus, comme les communes anglaises, s'allier avec l'aristocratie terrienne contre le pouvoir de l'empereur, pour revendiquer leur part de liberté politique; les maisons souveraines et toute la noblesse féodale de l'Allemagne, contrairement à l'aristocratie anglaise, s'étaient toujours distinguées par une absence complète de sens politique. C'était tout simplement un ramassis de grossiers brigands, brutaux, stupides, ignorants, n'ayant de goût que pour la guerre féroce et pillarde, que pour la luxure et pour la débauche. Ils n'étaient bons que pour attaquer les marchands des villes sur les grandes routes, ou bien pour saccager les villes elles-mêmes quand ils se sentaient en force, mais non pour comprendre l'utilité d'une alliance avec elles.

Les villes allemandes, pour se défendre contre la triste oppression, contre les vexations et contre le pillage régulier ou non régulier des empereurs, des princes souverains et des nobles, ne pouvaient donc réellement compter que sur leurs propres forces et que sur leur alliance entre elles. Mais pour que cette alliance, cette même Hanse qui ne fut jamais rien qu'une alliance presqu'exclusivement commerciale, pût leur offrir une protection suffisante, il aurait fallu qu'elle prit un caractère et une importance décidément politique; qu'elle intervînt comme partie reconnue et respectée dans la constitution même et dans toutes les affaires tant intérieures qu'extérieures de l'empire.

Les circonstances d'ailleurs étaient entièrement favorables. La puissance de toutes les autorités de l'empire avait été considérablement affaiblie par la lutte des Gibelins et des Guelfes; et puisque les villes allemandes s'étaient senties assez fortes pour former une ligue de défense mutuelle contre tous les pillards couronnés ou non couronnés, qui les menaçaient de toutes parts, rien ne les empêchait de donner à cette ligue un caractère politique beaucoup plus positif, celui d'une formidable puissance collective réclamant et imposant le respect. Elles pouvaient faire davantage : profitant de l'union plus ou moins fictive que le mystique Saint-Empire avait établie entre l'Italie et l'Allemagne, les villes allemandes auraient pu s'allier ou se fédérer avec les villes italiennes, comme elles s'étaient alliées avec des villes flamandes et plus tard même avec quelques villes polonaises; elles auraient dû naturellement le faire non sur une base exclusivement allemande, mais largement internationale; et qui sait si une telle alliance, en ajoutant à la force native et peu lourde et brute des Allemands, l'esprit, la capacité politique et l'amour de la liberté des Italiens, n'eût pas donné au développement politique et social de l'Occident une direction toute différente et bien autrement avantageuse pour la civilisation du monde entier. Le seul grand désavantage qui, probablement, aurait résulté d'une telle alliance, ce serait la formation d'un nouveau monde politique, puissant et libre, en dehors des masses agricoles et par conséquent contre elles; les paysans de l'Italie et de l'Allemagne auraient été livrés encore plus à la merci des seigneurs féodaux, résultat qui, d'ailleurs, n'a point été évité, puisque l'organisation municipale des villes a eu pour conséquence de séparer profondément les paysans des bourgeois et de leurs ouvriers, en Italie aussi bien qu'en Allemagne.

Mais ne rêvons pas pour ces bons bourgeois allemands ! Ils rêvent assez eux-mêmes ; il est malheureux seulement que leurs rêves n'aient jamais eu la liberté pour objet. Ils n'ont jamais eu, ni alors, ni depuis, les dispositions intellectuelles et morales nécessaires pour concevoir, pour aimer, pour vouloir et pour créer la liberté. L'esprit d'indépendance leur a toujours été inconnu. La révolte leur répugne, autant qu'elle les effraie. Elle est incompatible avec leur caractère résigné et soumis, avec leurs habitudes patiemment et paisiblement laborieuses, avec leur culte à la fois raisonné et mystique de l'autorité. On dirait que tous les bourgeois allemands naissent avec la bosse de la piété, avec la bosse de l'ordre public et de l'obéissance quand même. Avec de telles dispositions, on ne s'émancipe jamais, et même au milieu des conditions les plus favorables, on reste esclave.

C'est ce qui arriva à la ligue des villes hanséatiques. Elle ne sortit jamais des bornes de la modération et de la sagesse, ne demandant que trois choses : Qu'on la laissât paisiblement s'enrichir par son industrie et par son commerce ; qu'on respectât son organisation et sa juridiction intérieure ; et qu'on ne lui demandât pas des sacrifices d'argent trop énormes, en retour de la protection ou de la tolérance qu'on lui accordait. Quant aux affaires générales de l'empire, tant intérieures qu'extérieures, la bourgeoisie allemande en laissa volontiers le soin exclusif aux « Grands Messieurs » (den grossen Herren), trop modeste elle-même pour s'en mêler.

Une si grande modération politique a dû être nécessairement accompagnée ou plutôt même est un symptôme certain d'une grande lenteur dans le développement intellectuel et social d'une nation.

Et en effet, nous voyons que pendant tout le XIII⁰ siècle, l'esprit allemand, malgré le grand mouvement commercial et industriel, malgré toute la prospérité matérielle des villes allemandes, ne produit absolument rien. Dans ce même siècle, on enseignait déjà, dans les écoles de l'Université de Paris, malgré le roi et le pape, une doctrine dont la hardiesse aurait épouvanté nos métaphysiciens et nos théologiens, affirmant, par exemple, que le monde, étant éternel, n'avait pas pu être créé, niant l'immortalité des âmes et le libre arbitre. En Angleterre, nous trouvons le grand moine Roger Bacon, le précurseur de la science moderne et le véritable inventeur de la boussole et de la poudre, quoique les Allemands veuillent s'attribuer cette dernière invention, sans doute pour faire mentir le proverbe. En Italie écrivait Dante. En Allemagne, nuit intellectuelle complète.

Au XIVᵉ siècle, l'Italie possède déjà une magnifique littérature nationale : Dante, Pétrarque, Boccace; et dans l'ordre politique, Rienzi et Michel Lando, l'ouvrier cardeur, gonfalonier, de Florence. En France, les communes représentées aux Etats généraux, déterminent définitivement leur caractère politique, en appuyant la royauté contre l'aristocratie et le pape.

C'est aussi le siècle de la Jacquerie, cette première insurrection des campagnes de France. Insurrection pour laquelle les socialistes sincères n'auront pas, sans doute, le dédain ni surtout la haine des bourgeois. En Angleterre, Jean Wicleff, le véritable initiateur de la Réformation religieuse, commence à prêcher. En Bohême, pays slave, faisant malheureusement partie de l'empire germanique, nous trouvons dans les masses populaires, parmi les paysans, la secte si intéressante et si sympathique des Fratricelli qui osèrent prendre, contre le despote céleste, le parti de Satan, ce chef spirituel de tous les révolutionnaires passés, présents et à venir, le véritable auteur de l'émancipation humaine selon le témoignage de la Bible, le négateur de l'empire céleste comme nous le sommes de tous les empires terrestres, le créateur de la liberté; celui même que Proudhon, dans son livre de la Justice, saluait avec une éloquence pleine d'amour. Les Fratricelli préparèrent le terrain pour la révolution de Huss et de Ziska. — La liberté suisse naît enfin dans ce siècle.

La révolte des cantons allemands de la Suisse contre le despotisme de la maison de Habsbourg est un fait si contraire à l'esprit national de l'Allemagne, qu'il eut pour conséquence nécessaire, immédiate, la formation d'une nouvelle nation suisse, baptisée au nom de la révolte et de la liberté, et comme telle séparée désormais par une barrière infranchissable de l'empire germanique.

Les patriotes allemands aiment à répéter avec la célèbre chanson pangermanique d'Arndt « que leur patrie s'étend aussi loin que résonne leur langue, chantant des louanges au bon Dieu. »

> So weit die deutsche Zunge klingt,
> Und Gott im Himmel Lieder singt!

S'ils voulaient se conformer plutôt au sens réel de leur histoire qu'aux inspirations de leur fantaisie omnivore, ils auraient dû dire, que leur patrie s'étend aussi loin que l'esclavage des peuples et qu'elle cesse là où commence la liberté.

Non seulement la Suisse, mais les villes de la Flandre, liées pourtant avec les villes de l'Allemagne par des intérêts matériels, par ceux d'un commerce croissant et prospère, et malgré qu'elles fissent partie de la ligue hanséatique, tendirent, à partir même de ce siècle, à s'en séparer toujours davantage, sous l'influence de cette même liberté.

En Allemagne, pendant tout ce siècle, au milieu d'une prospérité matérielle croissante, aucun mouvement intellectuel, ni social. En politique deux faits seulement : le premier, c'est la déclaration des princes de l'empire qui, entraînés par l'exemple des rois de France, proclament que l'empire doit être indépendant du pape et que la dignité impériale ne relève que de Dieu seul. Le second, c'est l'institution de la fameuse Bulle d'or qui organise définitivement l'empire et décide qu'il y aura désormais sept princes électeurs, en l'honneur des sept chandeliers de l'Apocalypse.

Nous voilà enfin arrivés au XVe siècle. C'est le siècle de la Renaissance. L'Italie est en pleine floraison. Armée de la philosophie retrouvée de la Grèce antique, elle brise la lourde prison dans laquelle, pendant dix siècles, le catholicisme avait tenu renfermé l'esprit humain. La foi tombe, la pensée libre renaît. C'est l'aurore resplendissante et joyeuse

de l'émancipation humaine. Le sol libre de l'Italie se couvre
de libres et hardis penseurs. L'Eglise elle-même y devient
payenne; les papes et les cardinaux, dédaignant S' Paul pour
Aristote et Platon, embrassent la philosophie matérialiste d'Epi-
cure, et oublieux du Jupiter chrétien, ne jurent plus que par
Bacchus et Vénus; ce qui ne les empêche pas de persécuter
par moments les libres-penseurs dont la propagande entraî-
nante menace d'anéantir la foi des masses populaires, cette
source de leur puissance et de leurs revenus. L'ardent et
illustre propagateur de la foi nouvelle, de la foi humaine,
Pic de la Mirandole, mort si jeune, attire surtout contre lui
les foudres du Vatican.

En France et en Angleterre, temps d'arrêt. Dans la première moitié de ce siècle, c'est une guerre odieuse, stupide,
fomentée par l'ambition des rois anglais et soutenue bêtement par la nation anglaise, une guerre qui fit reculer d'un
siècle l'Angleterre et la France. Comme les Prussiens, aujourd'hui, les Anglais du XVe siècle avaient voulu détruire,
soumettre la France. Ils s'étaient même emparé de Paris, ce
que les Allemands, malgré toute leur bonne volonté, n'ont
pas encore réussi à faire jusqu'ici, et avaient brûlé Jeanne
d'Arc à Rouen, comme les Allemands pendent aujourd'hui
les francs-tireurs. Ils furent enfin chassés de Paris et de
France, comme, espérons-le toujours, les Allemands finiront
bien par l'être aussi.

Dans la seconde moitié du XVe siècle, en France, nous
voyons la naissance du vrai despotisme royal, renforcé par
cette guerre. C'est l'époque de Louis XI, un rude compère,
valant à lui seul Guillaume Ier avec ses Bismarck et Moltke,
le fondateur de la centralisation bureaucratique et militaire
de la France, le créateur de l'Etat. Il daigne bien encore
quelquefois s'appuyer sur les sympathies intéressées de sa
petite bourgeoisie qui voit avec plaisir son bon roi abattre
les têtes, si arrogantes et si fières, de ses seigneurs féodaux;
mais on sent déjà à la manière dont il se comporte avec elle,
que si elle ne voulait pas l'appuyer, il saurait bien l'y forcer.
Toute indépendance, nobiliaire ou bourgeoise, spirituelle ou
temporelle, lui est également odieuse. Il abolit la chevalerie

et institue les ordres militaires : voilà pour la noblesse. Il impose ses bonnes villes selon sa convenance et dicte sa volonté aux Etats-généraux : voilà pour la liberté bourgeoise. Il défend enfin la lecture des ouvrages des *nominaux* et ordonne celle des *réaux* : (1) voilà pour la libre pensée. Eh bien, malgré une si dure compression, la France donne naissance à Rabelais à la fin du XVe siècle : un génie profondément populaire, gaulois, et tout débordant de cet esprit de révolte humaine qui caractérise le siècle de la Renaissance.

En Angleterre, malgré l'affaissement de l'esprit populaire, conséquence naturelle de la guerre odieuse qu'elle avait faite à la France, nous voyons, pendant tout le XVe siècle, les disciples de Wicleff propager la doctrine de leur maître, malgré les cruelles persécutions dont ils sont les victimes, et préparer ainsi le terrain à la révolution religieuse qui éclata un siècle plus tard. En même temps, par la voix d'une propagande individuelle, sourde, invisible et invraisemblable, mais néanmoins très-vivace, en Angleterre aussi bien qu'en France, l'esprit libre de la Renaissance tend à créer une philosophie nouvelle. Les villes flamandes, amoureuses de leur liberté et fortes de leur prospérité matérielle, entrent en plein dans le développement artistique et intellectuel moderne, se séparant par là même toujours davantage de l'Allemagne.

Quant à l'Allemagne, nous la voyons dormir de son plus beau sommeil pendant toute la première moitié de ce siècle. Et pourtant, il se passa, au sein de l'empire, et dans le voisinage le plus immédiat de l'Allemagne, un fait immense qui eût suffi pour secouer la torpeur de tout autre nation. Je veux parler de la révolte religieuse de Jean Huss, le grand réformateur Slave.

---

(1) Les *nominaux*, matérialistes autant que pouvaient l'être des philosophes scolastiques, n'admettaient pas la réalité des idées abstraites; les *réaux*, au contraire, penseurs orthodoxes, soutenaient l'existence *réelle* de ces idées.

C'est avec un sentiment de profonde sympathie et de fierté fraternelle que je pense à ce grand mouvement national d'un peuple slave. Ce fut plus qu'un mouvement religieux, ce fut une protestation victorieuse contre le despotisme allemand, contre la civilisation aristocratico-bourgeoise des Allemands; ce fut la révolte de l'antique commune slave contre l'Etat allemand. Deux grandes révoltes slaves avaient eu déjà lieu dans le XI° siècle : la première contre la pieuse oppression de ces braves chevaliers teutoniques, ancêtres des lieutenants-hoberaux actuels de la Prusse. Les insurgés slaves avaient brûlé toutes les églises et exterminé tous les prêtres. Ils détestaient le Christianisme, et avec beaucoup de raison, parce que le Christianisme, c'était le germanisme dans sa forme la moins avenante : c'était l'aimable chevalier, le vertueux prêtre et l'honnête bourgeois, tous les trois Allemands pur sang, et représentant comme tels l'idée de l'autorité quand même, et la réalité d'une oppression brutale, insolente et cruelle. La seconde insurrection eut lieu, une trentaine d'années plus tard, en Pologne. Ce fut la première et l'unique insurrection des paysans proprement polonais. Elle fut étouffée par le roi Casimir. Voici comment cet événement est jugé par le grand historien polonais Lelewel dont le patriotisme et même une certaine prédilection pour la classe qu'il appelle « *la démocratie nobiliaire* » ne peuvent être mis en doute par personne :

« Le parti de Maslaw (le chef des paysans insurgés de la Mazowie) était populaire et allié du paganisme ; le parti de Casimir était aristocrate et partisan du Christianisme, » (c'est-à-dire du germanisme). Et plus loin il ajoute : « Il faut absolument considérer cet événement désastreux comme une victoire remportée sur les classes inférieures, dont le sort ne pouvait qu'empirer à sa suite. *L'ordre fut rétabli*, mais la marche de l'état social tourna dès lors grandement au désavantage des classes inférieures. » *(Histoire de la Pologne par Joachim Lelewel, T. II p. 19.)*

La Bohême s'était laissé germaniser encore plus que la Pologne; comme cette dernière, jamais elle n'avait été conquise par les Allemands, mais elle s'était laissé profondément

dépraver par eux. Membre du Saint-Empire, depuis sa formation comme Etat, elle n'a jamais pu s'en détacher pour
son malheur, et elle en avait adopté toutes les institutions
cléricales, féodales et bourgeoises. Les villes et la noblesse
de la Bohême s'étaient germanisées en partie; noblesse,
bourgeoisie et clergé étaient allemands non de naissance
mais de baptême, ainsi que par leur éducation et par leur
position politique et sociale; l'organisation primitive des
communes slaves n'admettant ni prêtres, ni classes. Seuls,
les paysans de la Bohême s'étaient conservés purs de cette
lèpre allemande, et ils en étaient naturellement les victimes.
Cela explique leurs sympathies instinctives pour toutes les
grandes hérésies populaires. Ainsi nous avons vu l'hérésie
des Vaudois se répandre en Bohême déjà au XIIe siècle et
les Fratricelli au XIVe, et vers la fin de ce siècle, ce fut le
tour de l'hérésie de Wicleff, dont les ouvrages furent traduits
en langue bohême. Toutes ces hérésies avaient également
frappé aux portes de l'Allemagne; elles ont dû même la tra-
verser pour arriver en Bohême, mais au sein du peuple allemand elles ne trouvèrent pas le moindre écho. Portant en
elles le germe de la révolte, elles durent glisser, sans pouvoir l'entamer, sur sa fidélité inébranlable, ne parvenant pas
même à troubler son sommeil profond. Par contre, elle durent trouver un terrain propice en Bohême, dont le peuple,
asservi, mais non germanisé, maudissait du plein de son
cœur et cette servitude et toute la civilisation aristocratico-
bourgeoise des Allemands. Cela explique pourquoi, dans la
voie de la protestation religieuse, le peuple tchèque a dû
devancer d'un siècle le peuple allemand.

L'une des premières manifestations de ce mouvement religieux en Bohême fut l'expulsion en masse de tous les professeurs allemands de l'université de Prague, crime horrible
que les Allemands ne purent jamais pardonner au peuple
tchèque. Et pourtant, si l'on y regarde de plus près, on
devra convenir que ce peuple eut mille fois raison de chasser ces corrupteurs patentés et serviles de la jeunesse slave.
A l'exception d'une très courte période, de trente-cinq ans
à peu près, entre 1813 et 1848, pendant lesquels le *déver-*

gondage du libéralisme, voire même du démocratisme français, s'était glissé par contrebande et s'était maintenu dans
les universités allemandes, représenté par une vingtaine, une
trentaine de savants illustres et animés d'un libéralisme sincère, voyez ce qu'ont été les professeurs allemands jusqu'à
cette époque et ce qu'ils sont redevenus sous l'influence de
la réaction de 1849 : les adulateurs de toutes les autorités,
les professeurs de la servilité. Issus de la bourgeoisie allemande, ils en expriment consciencieusement les tendances et
l'esprit. Leur science est la manifestation fidèle de la conscience de l'esclave, c'est la consécration idéale d'un esclavage historique.

Les professeurs allemands du XVᵉ siècle, à Prague,
étaient au moins aussi serviles, aussi valets que le sont les
professeurs de l'Allemagne actuelle. Ceux-ci sont dévoués
corps et âme à Guillaume Iᵉʳ le féroce, le maître prochain de
l'empire knouto-germanique. Ceux-là étaient servilement
dévoués tout d'avance à tous les empereurs qu'il plairait aux
sept princes électeurs apocalyptiques de l'Allemagne de
donner au Saint-Empire germanique. Peu leur importait qui
était le maître, pourvu qu'il y eût un maître, une société
sans maître étant une monstruosité qui devait nécessairement révolter leur imagination bourgeoise-allemande. C'eût
été le renversement de la civilisation germanique.

D'ailleurs quelles sciences enseignaient-ils, ces professeurs
allemands du XVᵉ siècle? La théologie catholique-romaine
et le code Justinien, deux instruments du despotisme. Ajoutez-y la philosophie scolastique, et cela à une époque où,
après avoir sans doute rendu, dans les siècles passés, de
grands services à l'émancipation de l'esprit, elle s'était arrê-
tée et comme immobilisée dans sa lourdeur monstrueuse et
pédante, battue en brèche par la pensée moderne qu'animait le pressentiment, sinon encore la possession de la
science vivante. Ajoutez-y encore un peu de médecine barbare enseignée, comme le reste, dans un latin très-barbare ;
et vous aurez tout le bagage scientifique de ces professeurs.
Cela valait-il la peine de les retenir? Mais il y avait une
grande urgence de les éloigner, car, outre qu'ils dépravaient

la jeunesse par leur enseignement et par leur exemple servile, ils étaient les agents très-actifs, très-zélés de cette fatale maison de Habsbourg qui convoitait déjà la Bohême comme sa proie.

Jean Huss et Jérôme de Prague, son ami et son disciple, contribuèrent beaucoup à leur expulsion. Aussi, lorsque l'empereur Sigismond, violant le sauf-conduit qu'il leur avait accordé, les fit juger d'abord, par le Concile de Constance, puis brûler tous les deux, l'un en 1415 et l'autre en 1416, là, en pleine Allemagne, en présence d'un immense concours d'Allemands accourus de loin pour assister au spectacle, aucune voix allemande ne s'éleva pour protester contre cette atrocité déloyale et infâme. Il fallut que cent ans se passassent encore, pour que Luther réhabilitât en Allemagne la mémoire de ces deux grands réformateurs et martyrs slaves.

Mais si le peuple allemand, probablement encore endormi et rêvant, laissa sans protestation cet odieux attentat, le peuple tchèque protesta par une révolution formidable. Le grand, le terrible Ziska, ce héros, ce vengeur populaire, dont la mémoire vit encore, comme une promesse d'avenir, au sein des campagnes de la Bohême, se leva et, à la tête de ses Taborites, parcourant la Bohême tout entière, il brûla les églises, massacra les prêtres et balaya toute la vermine impériale ou allemande, ce qui alors signifiait la même chose, parce que tous les Allemands en Bohême étaient des partisans de l'empereur. Après Ziska, ce fut le grand Procope qui porta la terreur dans le cœur des Allemands. Les bourgeois de Prague eux-mêmes, d'ailleurs infiniment plus modérés que les Hussites des campagnes, firent sauter par les fenêtres, selon l'antique usage de ce pays, les partisans de l'empereur Sigismond, (en 1419), lorsque cet infâme parjure, cet assassin de Jean Huss et de Jérôme de Prague, eut l'audace insolente et cynique de se présenter comme compétiteur de la couronne vacante de Bohême. Un bon exemple à suivre! c'est ainsi que devront être traités, en vue de l'émancipation universelle, toutes les personnes qui voudront s'imposer comme *autorités officielles*, aux masses populaires, sous quelque masque, sous quelque prétexte et sous quelque dénomination que ce soit.

Pendant dix-sept ans de suite, ces Taborites terribles, vivant en communauté fraternelle entre eux, battirent toutes les troupes de la Saxe, de la Franconie, de la Bavière, du Rhin et de l'Autriche, que l'empereur et le pape envoyèrent en croisade contre eux; ils nettoyèrent la Moravie et la Silésie et portèrent la terreur de leurs armes dans le cœur même de l'Autriche. Ils furent enfin battus par l'empereur Sigismond. Pourquoi? Parce qu'ils furent affaiblis par les intrigues et par la trahison d'un parti tchèque aussi, mais formé par la coalition de la noblesse indigène et de la bourgeoisie de Prague, allemandes d'éducation, de position, d'idées et de mœurs, sinon de cœur, et s'appelant, par opposition aux Taborites communistes et révolutionnaires, le parti des *Calixtins*; demandant des réformes *sages, possibles*; représentant, en un mot, à cette époque, en Bohême, cette même politique de la modération hypocrite et de l'impuissance habile, que MM. Palacki, Rieger, Braunen et Compagnie y représentent si bien aujourd'hui.

A partir de cette époque, la révolution populaire commença à décliner rapidement, cédant la place d'abord à l'influence diplomatique, et un siècle plus tard à la domination de la dynastie autrichienne. Les politiques, les modérés, les habiles, profitant du triomphe de l'abhorré Sigismond, s'emparèrent du gouvernement, comme ils le feront probablement en France, après la fin de cette guerre et pour le malheur de la France. Ils servirent, les uns sciemment et avec beaucoup d'utilité pour l'ampleur de leurs poches, les autres bêtement, sans s'en douter eux-mêmes, d'instruments à la politique autrichienne, comme les Thiers, les Jules Favre, les Jules Simon, les Picard, et bien d'autres serviront d'instruments à Bismark. L'Autriche les magnétisait et les inspirait. Vingt-cinq ans après la défaite des Hussites par Sigismond, ces patriotes habiles et prudents portèrent un dernier coup à l'indépendance de la Bohême, en faisant détruire par les mains de leur roi Podiebrad la ville de Tabor, ou plutôt le camp retranché des Taborites. C'est ainsi que les républicains bourgeois de la France sévissent déjà et feront sévir encore bien davantage leur président ou leur roi contre le prolétariat socialiste, ce dernier camp retranché de l'avenir et de la dignité nationale de la France.

En 1526, la couronne de Bohême échut enfin à la dynastie autrichienne, qui ne s'en désempera plus jamais. En 1620, après une agonie qui dura un peu moins de cent ans, la Bohême, mise à feu et à sang, dévastée, saccagée, massacrée et à demi dépeuplée, perdant d'un seul coup ce qui lui restait encore d'indépendance, d'existence nationale et de droits politiques, se trouva ainsi enchaînée sous le triple joug de l'administration impériale, de la civilisation allemande et des Jésuites autrichiens. Espérons, pour l'honneur et pour le salut de l'humanité, qu'il n'en sera pas ainsi de la France.

Au commencement de la seconde moitié du XV⁰ siècle, la nation allemande donna enfin une preuve d'intelligence et de vie, et cette preuve, il faut le dire, fut splendide : elle inventa l'imprimerie, et par cette voie, créée par elle-même, elle se mit en rapport avec le mouvement intellectuel de toute l'Europe. Le vent d'Italie, le shirocco de la libre pensée souffla sur elle et, sous ce souffle ardant, se fondit son indifférence barbare, son immobilité glaciale. L'Allemagne devint humaniste et humaine.

Outre la voie de la presse, il y en eut une autre encore, moins générale et plus vivante. Des voyageurs allemands, revenant d'Italie vers la fin de ce siècle, en rapportèrent des idées nouvelles, l'Evangile de l'émancipation humaine, et les propagèrent avec une religieuse passion. Et cette fois, la semence précieuse ne fut point perdue. Elle trouva en Allemagne un terrain tout préparé pour la recevoir. Cette grande nation, réveillée à la pensée, à la vie, à l'action, allait prendre à son tour la direction du mouvement de l'esprit. Mais hélas! elle se trouva incapable de le garder plus de vingt-cinq ans en ses mains.

Il faut bien distinguer entre le mouvement de la Renaissance et celui de la Réforme religieuse. En Allemagne, le premier ne précéda que de peu d'années le second. Il y eût une courte période, entre 1517 et 1525, où ces deux mouvements parurent se confondre, quoique animés d'un esprit tout à fait opposé : l'un, représenté par des hommes comme Erasme, comme Renchlin, comme le généreux, l'héroïque Ulrich von Hutten, poète et penseur de génie, le disciple de Pie de Mirandole et l'ami de Franz de Sikingen, d'Oecolampade et de Zuringle, celui qui forma en quelque sorte le trait d'union entre l'ébranlement purement philosophique de la Renaissance, la transformation purement religieuse de la foi par la Réforme protestante, et le soulèvement révolutionnaire des masses, provoqué par les premières manifestations de cette dernière. L'autre, représenté principalement par Luther et Melenchton, les deux pères du nouveau développement religieux et théologique en Allemagne. Le premier de ces mouvements profondément humanitaire, tendant, par les travaux philosophiques et littéraires d'Erasme, de Renchlin et d'autres, à l'émancipation complète de l'esprit et à la destruction des sottes croyances du Christianisme, et tendant en même temps par l'action plus pratique et plus héroïque d'Ulrich de Hutten, d'Oecolampade et de Zuringle, à l'émancipation des masses populaires du joug nobiliaire et princier; tandis que le mouvement de la Réforme, fanatiquement religieux, théologique et, comme tel, plein de respect divin et de mépris humain, supersticieux au point de voir le Diable et de lui jeter des encriers à la tête, comme cela est arrivé, dit-on, à Luther, dans le château de la Werthory, où l'on montre encore, sur le mur une tâche d'encre, devait nécessairement devenir l'ennemi irréconciliable et de la liberté de l'esprit et de la liberté des peuples.

Il y eut toutefois, comme je l'ai dit, un moment où ces deux mouvements si contraires durent réellement se confondre, le premier étant révolutionnaire par principe, le second forcé de l'être par position. D'ailleurs, dans Luther lui-même, il y avait une contradiction évidente. Comme théologien il était et devait être réactionnaire; mais comme nature, comme

tempéramment, comme instinct, il était passionnément révo-
tionnaire. Il avait la nature de l'homme du peuple, et cette
nature puissante n'était point faite pour subir patiemment
le joug de qui que ce soit. Il ne voulait plier que devant
Dieu, dans lequel il avait une foi aveugle et dont il croyait
sentir la présence et la grâce en son cœur; et c'est au nom
de Dieu, que le *doux* Melancton, le savant théologien et rien
qu'un théologien, son ami, son disciple, en réalité son maître et le museleur de cette nature léonine, parvint à l'enchaîner définitivement à la réaction.

Les premiers rugissements de ce rude et grand Allemand
furent tout à fait révolutionnaires. On ne peut s'imaginer,
en effet, rien de plus révolutionnaire que ses manifestes
contre Rome; que les invectives et les menaces qu'il lança
à la face des princes de l'Allemagne; que sa polémique passionnée contre l'hypocrite et luxurieux despote et réformateur de l'Angleterre, Henri VIII. A partir de 1517, jusqu'à
1525, on n'entendit plus en Allemagne que les éclats de
tonnerre de cette voix qui semblait appeler le peuple Allemand à une révolution générale, à la rénovation.

Son appel fut entendu. Les paysans de l'Allemagne se le-
vèrent avec ce cri formidable, le cri socialiste : « *Guerre aux
chateaux, paix aux chaumières!* » qui se traduit aujour-
d'hui par ce cri plus formidable encore : « A bas tous les
exploiteurs et tous les tuteurs de l'humanité; liberté et
prospérité au travail, égalité de bras et fraternité du monde
humain, constitué librement sur les ruines de tous les
Etats. »

Ce fut le moment critique pour la Réforme religieuse et
pour toute la destinée politique de l'Allemagne. Si Luther
avait voulu se mettre à la tête de ce grand mouvement populaire, socialiste, des populations rurales insurgées contre
leurs seigneurs féodaux, si la bourgeoisie des villes l'avait
appuyé, c'en était fait de l'empire, du despotisme princier
et de l'insolence nobiliaire en Allemagne. Mais pour l'appuyer,
il eût fallu que Luther ne fût pas un théologien, plus sou-
cieux de la gloire divine que de la dignité humaine et indi-
gné de ce que des hommes opprimés, des serfs qui ne

devaient penser qu'au salut de leurs âmes, eussent osé revendiquer leur portion de bonheur humain *sur cette terre*; il eût fallu aussi que les bourgeois des villes de l'Allemagne nefussent pas des bourgeois allemands.

Ecrasée par l'indifférence et en très-grande partie aussi par l'hostilité notoire des villes et par les malédictions théologiques de Melanchton et de Luther, beaucoup plus encore que par la force armée des seigneurs et des princes, cette formidable révolte des paysans de l'Allemagne fut vaincue. Dix ans plus tard fut également étouffée une autre insurrection, la dernière qui ait été provoquée en Allemagne par la réforme religieuse. Je veux parler de la tentative d'une organisation mystico-communiste par les anabaptistes de Munster, capitale de Westphalie. Munster fut pris et Jean de Leyde, ce prophète anabaptiste, fut supplicié aux applaudissements de Mélanchton et de Luther.

D'ailleurs, déjà cinq ans auparavant, en 1530, les deux théologiens de l'Allemagne avaient posé les scellés sur tout mouvement ultérieur, même religieux, dans leur pays, en présentant à l'empereur et aux princes de l'Allemagne leur confession d'Augsbourg, qui, pétrifiant d'un seul coup le libre essor des âmes, renient même cette liberté des consciences individuelles au nom de laquelle la Réformation s'était faite, leur imposant comme une loi absolue et divine un dogmatisme nouveau, sous la garde de princes protestants reconnus comme les protecteurs naturels et les chefs du culte religieux, constitua une nouvelle Eglise officielle qui, plus absolue même que l'Eglise catholique romaine, aussi servile, vis-à-vis du pouvoir temporel, que l'Eglise de Byzance, constitua désormais, entre les mains de ces princes protestants, un instrument de despotisme terrible et condamna l'Allemagne tout entière, protestante et par contrecoup catholique aussi, à trois siècles au moins du plus abrutissant esclavage, un esclavage, hélas! qui ne paraît pas même aujourd'hui disposé, ce me semble, à faire place à la liberté (1).

_____

(1) Pour se convaincre de l'esprit servile qui caractérise l'Eglise luthérienne en Allemagne, même encore de nos jours, il suffit de

Il a été très-heureux pour la Suisse, que le concile de Strasbourg, dirigé, dans cette même année, par Zwingli et Bucer, ait repoussé cette constitution de l'esclavage; une constitution soi-disant religieuse et qui l'était en effet, puisqu'au sein de Dieu même, elle consacrait ce pouvoir absolu des princes. Sortie presque exclusivement de la tête théologique et savante du professeur Melanchton, sous la pression évidente du respect profond, illimité, inébranlable, servile, que tout bourgeois et professeur allemand bien né éprouve pour la personne de ses maîtres, elle fût aveuglément acceptée par le peuple allemand, *parce que ses princes l'avaient acceptée;* symptôme nouveau de l'esclavage historique, non-seulement extérieur, mais intérieur, qui pèse sur ce peuple.

Cette tendance, d'ailleurs si naturelle des princes protestants de l'Allemagne à partager entre eux les débris du pouvoir spirituel du pape, ou de se constituer chefs de l'Eglise dans les limites de leurs Etats respectifs, nous la retrouvons également dans d'autres pays monarchiques protestants, en Angleterre, par exemple, et en Suède, mais ni dans l'une, ni dans l'autre, elle ne parvint à triompher enfin du sentiment d'indépendance qui s'était réveillé dans les peuples. En

---

lire la formule de la déclaration ou promesse écrite que tout ministre de cette Eglise, dans le royaume de Prusse, doit signer et jurer d'observer avant d'entrer en fonctions. Elle ne surpasse pas, mais certainement elle égale en servilité les obligations qui sont imposées au clergé russe. Chaque ministre de l'Evangile en Prusse prête le serment d'être pendant toute sa vie un sujet dévoué et soumis de son Seigneur et maître, non pas le bon Dieu, mais le roi de Prusse; d'observer scrupuleusement et toujours ses saints commandements et de ne jamais perdre de vue les intérêts sacrés de Sa Majesté, d'inculquer ce même respect et cette même obéissance absolue à ses ouailles, et *de dénoncer au gouvernement toutes les tendances, toutes les entreprises, tous les actes qui pourraient être contraires, soit à la volonté, soit aux intérêts du gouvernement.* Et c'est à de pareils esclaves qu'on confie la direction exclusive des écoles populaires en Prusse! Cette instruction tant vantée n'est donc rien qu'un empoisonnement des masses, une propagation systématique de la doctrine de l'esclavage.

Suède, en Danemark et en Norwège, le peuple et la classe des paysans surtout sut maintenir sa liberté et ses droits tant contre les envahissements de la noblesse que contre ceux de la monarchie. En Angleterre, la lutte de l'Eglise anglicane, officielle, avec les Eglises libres des presbytériens, d'Ecosse et des indépendants d'Angleterre, aboutit à une épreuve et mémorable révolution, de laquelle date la grandeur nationale de la Grande-Bretagne. Mais en Allemagne le despotisme si naturel des princes ne rencontra pas les mêmes obstacles. Tout le passé du peuple allemand, si plein de rêves, mais si pauvre de pensées libres et d'action ou d'initiativive populaire, l'ayant fondé, pour ainsi dire, dans le monde de la pieuse soumission et de l'obéissance respectueuse, résignée et passive, il ne trouva pas en lui-même, dans ce moment critique de son histoire, l'énergie et l'indépendance, ni la passion nécessaires pour maintenir sa liberté contre l'autorité traditionnelle et brutale de ses innombrables souverains nobiliaires et princiers. Dans le premier moment d'enthousiasme, il avait pris, sans doute, un élan magnifique. Un moment, l'Allemagne sembla trop étroite pour contenir les débordements de sa passion révolutionnaire. Mais, ce ne fut qu'un moment, qu'un élan, et comme l'effet passager et factice d'une inflammation cérébrale. Le souffle lui manqua bientôt; et lourd, sans haleine et sans forces, il s'affaissa sur lui-même; alors bridé de nouveau par Melanchton et par Luther, il se laissa tranquillement reconduire au bercail, sous le joug historique et salutaire de ses princes.

Il avait fait un rêve de liberté et il se réveilla plus esclave que jamais. Dès lors, l'Allemagne devint le vrai centre de la réaction en Europe. Non contente de prêcher l'esclavage, par son exemple, et d'envoyer ses princes, ses princesses et ses diplomates pour l'introduire et pour le propager dans tous les pays de l'Europe, elle en fut l'objet de ses plus profondes spéculations scientifiques. Dans tous les autres pays, l'administration, prise dans sa plus large acception, comme l'organisation de l'exploitation bureaucratique et fiscale, exercée par l'Etat sur les masses populaires, est considérée comme un art : l'art de brider les peuples, de les maintenir sous une sévère discipline et de les tondre beaucoup sans les faire trop crier. En Allemagne, cet art est scientifiquement enseigné dans toutes les universités. Cette science pourrait être appelée la théologie moderne, la théologie du culte de l'Etat. Dans cette religion de l'absolutisme terrestre, le souverain prend la place du bon Dieu, les bureaucrates sont les prêtres, et le peuple, naturellement, la victime toujours sacrifiée sur l'autel de l'Etat.

S'il est vrai, comme j'en ai la ferme conviction, que seulement par l'instinct de la liberté, par la haine des oppresseurs, et par la puissance de se révolter contre tout ce qui porte le caractère de l'exploitation et de la domination dans le monde contre toute sorte d'exploitation et de despotisme, se manifeste la dignité humaine des nations et des peuples, il faut convenir que, depuis qu'il existe une nation germanique jusqu'à 1848, les paysans de l'Allemagne seuls ont prouvé, par leur révolte du XVIe siècle, que cette nation n'est pas absolument étrangère à cette dignité. Si on voulait la juger, au contraire, d'après les faits et gestes de sa bourgeoisie, on devrait la considérer comme prédestinée à réaliser l'idéal de l'esclavage volontaire.

www.ingramcontent.com/pod-product-compliance
Lightning Source LLC
Chambersburg PA
CBHW052036270326
41931CB00012B/2513